COME SANO, COCINA PESCADO

COME SANO, COCINA PESCADO

Trucos y recetas para disfrutar del sabor del mar

Carol Archeli Saralegui
Fotografías de Yoana Salvador Sanz

Pescadería Espe
C/ San Juan s/n, Mercado de la Bretxa
San Sebastián
www.pescaderiaespe.com
pescaderiaespe@gmail.com
@pescaderia _ espe
943425355
665704429

Primera edición: septiembre de 2023

Arcopress • Colección Cocina, dietética y nutrición
Editora: Pilar Pimentel
Maquetación: Estudio Sandra Dios
Corrección: Helena Montané
Diseño de cubierta: Fernando de Miguel
Fotografía: Yoana Salvador

www.arcopress.com
pedidos@almuzaralibros.com - info@almuzaralibros.com

Editorial Almuzara
Parque Logístico de Córdoba. Ctra. Palma del Río, km 4
C/8, Nave L2, nº 3. 14005 - Córdoba

Imprime: Gráficas La Paz
ISBN: 978-84-11317-88-7
Depósito legal: CO-1108-2023
Hecho e impreso en España - *Made and printed in Spain*

A quien creyó en mí más y antes que yo misma

Prólogo de Elena Arzak

Donostia y sus mercados, Donostia y su mar, Donostia y su cocina. No podríamos entender nuestra cultura gastronómica sin esos tres elementos. Antaño, pasear por el puerto, comprar un cucurucho de *karrakelas* o *kiskillas* y saborear el mar, mientras veíamos el ir y venir de los barcos pesqueros, con la despensa llena de frescos pescados.

Visitar nuestras pescaderías y deleitar la vista con las hermosas piezas pescadas por nuestros *arrantzales*. No saber qué elegir, preguntar y dejarse guiar a través de la cultura del mar, descubrir qué piezas están en su momento más fresco, cómo cocinarlas, escuchar y aprender.

Hemos bebido desde pequeñas la pasión del conocimiento que atesoran los mercados, todo un mundo en torno a nuestra tierra y nuestro mar. Desde muy temprana edad, mi padre siempre nos llevaba a mi hermana y a mí al mercado, para que fuéramos impregnándonos de los olores y sabores de nuestros productos y de la sabiduría de nuestros *baserritarras* y *arrantzales*.

Una pasión familiar por el cuidado de lo nuestro que intento mantener viva en el día a día de nuestro restaurante Arzak, donde nuestra tierra y nuestro mar son la base sobre la que se sustenta nuestra propuesta gastronómica.

El mar, uno de los grandes aliados de la cocina vasca, con esos platos tan icónicos como son la merluza en salsa verde, el bacalao al pil-pil o los chipirones en su tinta. En nuestro haber encontramos creaciones como el pastel de *krabarroka*, la lubina con alubias y torreznos vegetales, el pescado del día enraizado o el salmonete y boniato.

Respetar la tradición, mirar hacia atrás, aprender de nuestros antepasados para afrontar el presente y futuro. Una pasión familiar heredada generación a generación, como la de la Pescadería Espe. Carol Archeli, tercera generación familiar, hereda el conocimiento y respeto por el mar que le han transmitido su abuela y su madre, una pasión por el mar que ha conocido desde pequeña.

Ese día a día en el mercado, las preguntas y dudas de los clientes, el asesoramiento sobre cada pescado, sobre cómo cocinarlo, esos consejos que reparte desde su puesto, todo ello lo ha plasmado en este maravilloso libro.

Un libro que busca divulgar y dar a conocer el pescado en toda su amplitud, porque, como bien dice Carol, el pescado no muerde. Su objetivo es quitarnos el miedo y a través de su fácil lectura sumergirnos en el mar, conocer de cerca los tesoros que se esconden allí y animarnos a cocinarlos, a través de sus 43 sencillas recetas, con las que nos enseña a trabajar, jugar y probar 25 pescados diferentes. Entre manos tenéis una enciclopedia del mar. Ya sabéis, comed sano y cocinad pescado. *On egin!*

Introducción

¿Has visto la foto de la contraportada? Esa soy yo, la del delantal azul, la otra es una preciosa faneca.

La foto está realizada a los pies del edificio Pescadería del Mercado de la Bretxa, donde mi familia regenta nuestro negocio desde 1938, cuando mi abuela lo inició.

El emblemático mercado está situado en la parte vieja de San Sebastián y desde hace más de 150 años abastece a sus habitantes de alimentos y productos de primera necesidad. Hasta hace muy poco, previo a obras y reformas, estaba compuesto por dos construcciones: una destinada a vender todo tipo de víveres, y la segunda y más grande, dedicada exclusivamente a la venta de pescado, por eso lo llamamos edificio Pescadería. Es normal que una ciudad como San Sebastián, que ha vivido de la pesca y mirando al mar, tenga un inmueble para este fin. Antaño, en su planta baja se realizaban subastas de pescado y el piso superior albergaba decenas de puestos de pescadería, entre ellos, el nuestro.

Las escaleras de piedra que ves al fondo de la foto son las que daban acceso, desde la calle, a esas pescaderías, en las que yo me crié y pasé tantas horas de mi niñez.

Yo he sido una niña de mercado. La víspera de mi nacimiento mi madre estaba despachando pescado, y quince días después también. Llevo el pescado en el ADN. Los veranos de mi infancia, cuando no había cole, los pasaba en las escaleras, los pasillos y los puestos esperando que mi madre me diera algún pescadito para descuartizar a mi antojo. Si ella no tenía nada para dejarme, iba a pedirlo a los puestos de las demás pescaderas, que, como ya me conocían, poco o mucho algo me regalaban. Me encantaba salsear.

Pasados los años mis intereses cambiaron y la curiosidad personal y la vocación de cuidado hicieron que estudiara enfermería y ejerciera unos años como tal en diferentes servicios.

Cuando llegó la maternidad y la familia numerosa opté por colgar los hábitos, dejar las guardias y los horarios fluctuantes y vivir la crianza de mis hijos desde un trabajo con horarios más estables y compatibles con la vida familiar. Así que volví a la pescadería y aquí sigo, donde me ves.

Para unir mis dos vocaciones profundicé mis estudios en nutrición y alimentación y, desde hace ya unos años, además de regentar mi negocio lo mejor que puedo, me dedico, en la medida de lo posible y en cuanto me dan la oportunidad, a divulgar las virtudes del pescado, a explicar las maneras más fáciles y sanas de prepararlo y a ayudar a formar futuros profesionales de nuestra bonita profesión, cuyo relevo generacional se encuentra seriamente comprometido.

Todo ello a través de cursos, charlas, publicaciones en las redes sociales y en el blog de la pescadería o escribiendo artículos para medios especializados.

Este libro es el compendio de todo esto. Intenta dar respuesta a las dudas más frecuentes que escucho en la pescadería y fuera de ella, pretende mostrar de forma clara qué es el pescado, qué hay dentro de él y cómo cocinarlo de forma fácil y sana; y aspira a despertar en ti el amor a este producto que la naturaleza nos regala.

El pescado es un alimento ancestral que nos ha acompañado desde nuestros orígenes, cuyos antepasados han alimentado a los nuestros; y que hoy en día sigue viviendo libre y salvaje como lo ha hecho siempre. No lo cultivamos, regamos o abonamos; no lo alimentamos ni lo criamos, el ser humano solo entra en contacto con el pescado salvaje en el instante de su captura, cosa que, en gran medida, sigue dependiendo del azar. Los que frecuentamos muelles y lonjas en el día a día sabemos que, a pesar de los grandes avances tecnológicos en la industria pesquera, nunca podemos saber con absoluta certeza si un buque pescará, cuánta cantidad o qué especies se capturarán.

Si tienes una huerta reconocerás que recoger el fruto es lo más fácil y gratificante, pero que, para ello, previamente, hay que abonar la tierra, darle la vuelta, plantar, regar, quitar malas hierbas, y cuidar mucho hasta que ves salir tu primer tomate.

El ser humano, con el pescado, no tiene que hacer nada de eso, el mar se encarga. Solo, respetando los ciclos naturales, ha de acudir, con su trabajo y esfuerzo, a recoger el fruto.

Seamos conscientes de ello y ayudemos a la naturaleza con nuestros actos cotidianos. Es importante que cada persona o institución, desde su lugar, ponga su granito de arena para mantener el mar vivo, para que las especies sigan creciendo y alimentándonos como lo han hecho hasta ahora.

EL PESCADO ES SANO

1

1. El pescado es sano

Tanto el Ministerio de Agricultura, Pesca y Alimentación (1), el reputado Centro Tecnológico vasco sobre Ciencia y Tecnología Marina y Alimentaria (AZTI) (2), la FAO (3), Organización de Naciones Unidas para la Alimentación y la Agricultura, así como la Agencia Española de la Seguridad Alimentaria y Nutrición (AESAN) (4), entre otros, lo dejan bien claro:

Los beneficios del pescado para la salud son múltiples

Y no lo dicen por decir, ni se lo sacan de la manga, serios estudios científicos avalan esta afirmación, como vamos a ver a continuación.

¿Y por qué es tan bueno para nuestra salud? ¿Qué tiene dentro el pescado para que nos beneficie de tal manera?

Si analizamos 100 g de cualquier pescado, un lomo de gallo o de *txitxarro* (jurel), por ejemplo, nos vamos a encontrar lo siguiente (1):

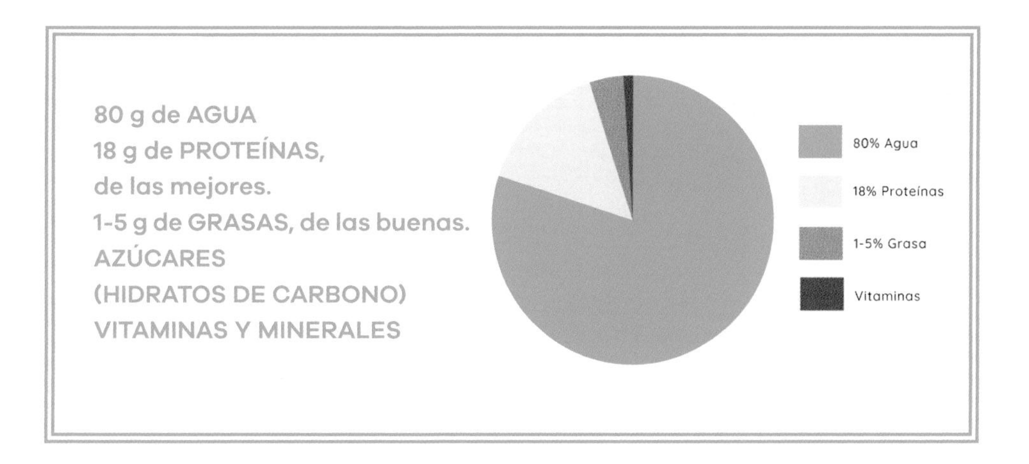

Y NADA MÁS. No tiene más, ni menos.
El pescado fresco, como lo vendemos en las pescaderías, no lleva aditivos, conservantes, colorantes, envoltorios ni adornos... solo es PESCADO.

AGUA. 80 g aproximadamente.

El agua es totalmente imprescindible para el funcionamiento de nuestro cuerpo.

Los seres humanos también somos agua en un gran porcentaje (alrededor del 70 %).

En función de la cantidad de grasa del pescado su contenido en agua es mayor o menor. Así, el pescado blanco tiene más agua que el pescado azul.

PROTEÍNAS. 18 g aproximadamente.

¡Toma ya! Y no cualquier proteína, de las mejores, **las proteínas de alto valor biológico**, de las que tienen todos los aminoácidos esenciales, entendiendo por tales aquellos que nuestro organismo necesita y no puede sintetizar por sí mismo. Estos están presentes solo en algunos alimentos y el pescado es uno de ellos.

Las proteínas son absolutamente necesarias para nuestro cuerpo. Con ellas, el organismo realiza un montón de funciones sin las cuales no podríamos vivir y hay que reponerlas con frecuencia, porque se van desgastando.

El pescado es un alimento con alto contenido en proteínas (1).

GRASAS. Entre 1-5 g aproximadamente.

¡Otra gran noticia! Estas grasas no son grasas cualesquiera. Son grasas de las buenas, de las muy buenas. Los famosos **ÁCIDOS GRASOS ESENCIALES**.

Al igual que los aminoácidos explicados, estos ácidos grasos se denominan esenciales porque nuestro cuerpo no los puede sintetizar, los tenemos que adquirir de nuestra dieta.

En su mayoría, se trata de ácidos grasos poliinsaturados, entre los que se encuentran los famosos **omega 3**. Y los también muy necesarios, en su justa medida, **omega 6**. Ambas familias se encuentran en el pescado, tanto en el blanco como en el azul.

De hecho, este último es considerado como una de las principales fuentes de ácidos omega 3 de toda nuestra dieta.

Este contenido en ácidos grasos confiere al pescado muchas de las propiedades saludables que posee. ¡Toda una joya!

La cantidad de grasa de los pescados es muy variable, depende de la especie, de la estación del año, del momento del desove, de las aguas que habitan y de la edad de los ejemplares. Siendo el pescado azul, los ejemplares adultos y el momento previo al desove los más ricos en grasa.

Así que, para asegurarnos una adecuada ingesta de este tipo de grasas se recomienda el consumo de pescado azul pequeño dos veces por semana. El verdel, la sardina o la *antxoa* son ejemplo de ello. A mayor consumo de omega menor es la probabilidad de sufrir afecciones cardiacas, diferentes tipos de cánceres y otras enfermedades en las que el factor inflamatorio juega un papel importante.

Los pescados con mayor contenido en ácidos grasos OMEGA 3 en su composición son, por orden de más a menos (cantidades expresadas en 100 g de porción comestible) (5):

Verdel	2,05 g/100 g
Antxoa	2,04 g/100 g
Sardina	2,01 g/100 g
Salmón	1,64 g/100 g

AZÚCARES (HIDRATOS DE CARBONO)

El contenido de hidratos de carbono en el pescado es muy bajo, no llega a 1 g por 100 g de producto (5).

VITAMINAS

Las vitaminas son micronutrientes, es decir, sustancias químicas que el cuerpo necesita en muy pequeñas cantidades para regular un montón de procesos bioquímicos y metabólicos.

Su déficit es el origen de muchas enfermedades y trastornos.

En un análisis promedio de las vitaminas que contiene el pescado destacan las vitaminas del grupo B (B1, B2, B3, B6 y B12), la vitamina A, E y D.

La vitamina D es muy importante para fortalecer nuestro sistema inmune y ayudarnos en la absorción del calcio, entre otras cosas. Nuestro cuerpo la fabrica gracias a la acción del sol sobre nosotros. Existen muy pocas fuentes alimenticias de vitamina D y el pescado está considerado como una de las más importantes.

Las vitaminas B9, B6 y B12 se asocian a la regulación del estado psicológico. Su consumo en la dieta está aconsejado en la prevención de la fatiga, la depresión y el desánimo (6).

Cabe resaltar que casi todos los pescados de los que disponemos cifras oficiales están catalogados con el calificativo de alto contenido en vitamina B12.

Esta vitamina no se encuentra en el mundo vegetal.

Pequeñas raciones de pescado aportan la cantidad diaria recomendada de su consumo como: 100 g de verdel, 70 g de lubina, 100 g de faneca o 30 g de *txitxarro*.

Los pescados con mayor contenido de VITAMINA D en su composición son, por orden de más a menos (cantidades expresadas en 100 g de porción comestible) (1, 4):

Congrio	**22 ng/100 g**
Bonito (atún blanco)	**20 ng/100 g**
Verdel y txitxarro	**16 ng/100 g**
***Antxoa* y sardina**	**8 ng/100 g**

MINERALES

Los minerales, al igual que las vitaminas, son micronutrientes.

El pescado está declarado nutricionalmente como fuente de varios minerales, e incluso en algunos casos, se considera como de alto contenido en algunos de ellos (1).

El cobre, fósforo, potasio, selenio (casi todos los pescados habituales en nuestras pescaderías muestran un alto contenido en selenio) y el yodo están presentes en todas las especies marinas de las que tenemos datos, que son muchas (2).

El hierro y el calcio se encuentran en mayor cantidad en los pescados azules.

Destacan en contenido en hierro el pulpo, las sardinas y las *antxoas*.

En todo lo dicho hasta ahora, debe recalcarse que los porcentajes de nutrientes son siempre aproximados, porque las proporciones de estos varían por diversos factores como la especie, la edad del ejemplar, si se trata de pescado blanco o azul, la zona geográfica y la temporada de pesca... Las cifras que ofrezco son las cifras medias.

BENEFICIOS DEL PESCADO PARA NUESTRA SALUD

AESAN, en su informe de comité científico publicado en julio de 2022 (4), asegura que «existe una amplia evidencia de los efectos beneficiosos del consumo de pescado sobre la salud, fundamentalmente debido a su contenido en ácidos grasos y a su proteína magra».

A día de hoy, la bibliografía científica afirma lo siguiente acerca de la ingesta de pescado:

- Contribuye a reducir el riesgo de enfermedades no transmisibles (5).
- Ayuda a prevenir enfermedades cardiovasculares (1,2).
- Ayuda a prevenir enfermedades del sistema nervioso (2).
- Contribuye al mantenimiento de la conservación de la visión en condiciones normales (1).
- Contribuye a combatir estados inflamatorios de nuestro organismo (1).
- Contribuye a aumentar y mantener la masa muscular (1).
- Tiene un impacto beneficioso en el funcionamiento de la tiroides (6).
- Contribuye al mantenimiento de los huesos en condiciones normales (1).
- Contribuye al menor riesgo de depresión, fatiga y desánimo (6,7).
- Mejora el desarrollo neurológico en los lactantes y niños pequeños cuando el pescado es consumido por la madre antes y durante el embarazo (1).
- Contribuye a un adecuado crecimiento y desarrollo de niños y niñas (2).

RECOMENDACIONES DIETÉTICAS DE CONSUMO DE PESCADO

¿Y cuánto pescado recomienda la comunidad científica comer para conseguir esos efectos sobre nuestra salud?

(La cantidad de raciones de pescado recomendada ha ido aumentando a lo largo de estos últimos años).

En el informe del Comité Científico de la Agencia Española de Seguridad Alimentaria y Nutrición (AESAN) sobre recomendaciones dietéticas sostenibles y recomendaciones de actividad física para la población española del 27 julio 2022 (4) se afirma lo siguiente:

- Se recomienda el consumo de **3 o más raciones** a **la semana (ración: 125-150 g)**, priorizando el pescado azul[1] sobre el blanco y las especies con menor impacto ambiental[2].
- El **pescado congelado** tiene un valor nutricional equivalente al pescado fresco, aunque con diferentes propiedades organolépticas (color, sabor, olor y textura).
- El **pescado enlatado** tiene un valor nutricional equivalente al pescado fresco, aunque se deben evitar aquellas conservas con un alto contenido en sal.
- Se recomienda también el consumo de **variedades no habituales**[3] para evitar su descarte cuando se pescan de forma accidental.

---

[1] ¿Cuál es el pescado azul?
El que mayor proporción de grasas tiene. Aquí te nombro algunos de los más comunes: *antxoa*, sardina, verdel, *txitxarro*, bonito, atún, salmonete, salmón...

[2] ¿Cuáles son las especies con menor impacto ambiental?
Las que menor huella de carbono dejan en el planeta para llegar a tu cocina. Si quieres contribuir a cuidar el planeta desde tu alimentación busca siempre consumir aquellos alimentos que se recolecten, cultiven o capturen más cerca de ti, y con el pescado igual. Si vives en la costa lo tienes fácil, y si vives en el interior también puedes saber la procedencia de los pescados (está en el etiquetado) y elegir la opción más sostenible.

[3] ¿Cuáles son las variedades no habituales?
Esas que se salen de las más comunes como gallo, merluza, lenguado, rape, etc. Son ricos y variados pescados, a veces autóctonos de litorales concretos, que con tanta ilusión ofrecemos las pescaderas a nuestros clientes y que tanto nos cuesta que prueben. Eso sí, en cuanto se animan, repiten.
Muchas veces estas especies reciben nombres diferentes según la zona geográfica donde se capturen: burriotas, corvá, carcajal, sabirón, *akerra* o breca, entre otros muchos.
Anímate a probar pescados que nunca has visto, pregunta cómo se preparan, sorprende y sorpréndete.
El mundo del pescado es muy variado, no te quedes en los cuatro de siempre. Déjate asesorar. Y de ese modo también contribuirás a evitar el descarte de especies.

PESCADO: DUDAS Y TEMORES

2. Pescado: dudas y temores

A lo largo de tantos años detrás del mostrador y tras multitud de conversaciones en el día a día, me he dado cuenta de que el mundo del pescado genera muchas dudas.

Y no me extraña, es un mundo complejo en el que entran en juego multitud de factores que pueden confundir.

Aquí te presento las cuestiones más habituales sobre las que nos consulta nuestra clientela, e intento explicarlas de un modo sencillo y con el máximo rigor.

Espero que este capítulo te sirva para deshacer mitos y temores y que te ayude a consumir el pescado con toda seguridad.

1. LAS ESPINAS

Hay muchas personas adultas, jóvenes, de interior o incluso de lugares cercanos a la costa, que rehúsan comer pescado por no querer encontrarse con los huesos y espinas. Para ellas es un verdadero problema, y lo entiendo.

No pasa nada, hoy en día esto tiene solución.

Los profesionales en pescadería nos hemos especializado en despojar al pescado de huesos, pieles, cabezas o espinas y dejarlo muy limpio y cómodo para comer.

No tienes más que decirle a tu pescatero de cabecera que son un problema para ti y te las quitará encantado.

Es verdad que hay especies que, bien por su tamaño o por su anatomía concreta, son más difíciles de desespinar, como, por ejemplo, los salmonetes pequeños o la parte cerrada del congrio. Pero no te preocupes, comenta a tu pescatero tu temor, lo tendrá en cuenta y te dirá con qué especies has de tener cuidado y en qué parte del pescado que adquieres te vas a encontrar las espinas.

2. EL PRECIO, ¿ES CARO EL PESCADO?

¿Has visto alguna vez el magnífico cuadro de Sorolla *Aún dicen que el pescado es caro*?

En él se aprecia a dos hombres mayores en la bodega de un barco de pesca intentando tapar la herida de un joven, al parecer hecha en plena faena. El realismo dramático de la obra le valió a Sorolla la primera medalla de la exposición nacional de 1895.

Con él, además de adentrarse en el género de pintura social de los primeros años de su carrera, el artista quiere mostrar a la sociedad la dureza del oficio de pescador, propio de su tierra natal.

Con esta obra os quiero explicar que el pescado es caro o es barato dependiendo del para quién.

Para el pescador, que ha estado toda la noche luchando contra viento y marea (nunca mejor dicho) para traer sus capturas al alba y, aun así, ve que el precio baja en las subastas, es barato.

Para el consumidor, que busca reducir el precio de su cesta de la compra puede parecer caro.

Para los pescateros, que vivimos de comprar, elaborar y vender el pescado, que entendemos la situación de los hombres del mar, pero, a la vez, queremos ofrecer a nuestra clientela el mejor producto al mejor precio, unas veces nos puede resultar caro y, sin embargo, otras, barato.

Depende de quién lo mire y desde dónde lo mire, el pescado puede parecer caro o barato.

Si lo comparas con otros alimentos de origen animal te encontrarás de todo, has de tener en cuenta qué tipo de pescado comparas con qué otro alimento en cuestión.

Pero lo cierto es que comer pescado no es baladí. Todo lo que aporta a nuestra salud hay que tenerlo en cuenta también a la hora de valorar lo que pagamos.

El precio del pescado es inestable, depende de muchos factores: de las capturas que haya habido, de las condiciones climáticas, del periodo del año en el que nos encontramos y de la demanda, entre otros. Dentro de esta fluctuación, hay algunas especies que suelen ser, generalmente, más económicas que otras. Una sardina siempre es más barata que un besugo, por muy barato que este se venda, o por muy cara que esté la sardina.

Sea como fuere, si quieres comer pescado cuidando tu bolsillo, ten en cuenta las siguientes recomendaciones:

- Compra **pescado de temporada,** por norma general es el que mejor suele estar de precio, de calidad, de sabor..., de todo.
- Normalmente las **especies pequeñas** suelen tener un precio más económico que las grandes, son las más sanas y, para mi gusto, las más ricas. Solo que tienen más espinas. Si te molestan, pide en tu pescadería que te las quiten, si pueden, o las quitas tú en casa. Y si no, yo te animo a que le des una oportunidad al rechupeteo. Quizás te sorprendas.

- Prueba **especies diferentes**. Normalmente, aunque no siempre, los pescados más comunes son los más caros debido a la demanda que tienen. Busca especies alternativas, variedades no habituales y anímate a probarlas. Su aporte en nutrientes es parejo al de las especies más conocidas y su precio es menor. Además, así no te aburrirás de comer siempre lo mismo.
- Busca **ofertas y promociones** interesantes, y si te viene bien, compra algo más y congélalo. Así tendrás buen pescado a buen precio disponible en tu congelador.
- Otra opción es pasarte al **pescado congelado**. Claro que no es lo mismo que el fresco, o que el que congelas tú en tu casa, pero su contenido nutricional es parecido.

3. LOS ANISAKIS

Los anisakis son pequeños parásitos que viven en la cavidad abdominal de algunos peces. Parece que llevan conviviendo con ellos millones de años, y no les son perjudiciales (8).

¿Cuál es el problema entonces?

Que este parásito no es propio del ser humano, y cuando lo ingerimos vivo puede producirnos, o no, algún trastorno.

Pueden suceder dos cosas:

1. En primer lugar, que, al ingerirlo vivo, siga con vida en nuestro organismo un tiempo y nos produzca síntomas gastrointestinales como dolor abdominal, náuseas, etc. —como cualquier otro parásito— hasta que muera o lo excretemos (9).
2. O, en segundo lugar, puede producir en nosotros una reacción alérgica, como nos puede ocurrir con otros alimentos, compuestos químicos, etc.

A día de hoy, la ciencia sabe (9) que, para que el anisakis produzca en nosotros estos dos tipos de trastornos, es necesario que esté vivo. Y también ha demostrado que el parásito muere con facilidad al aplicarle temperatura en forma de frío o calor.

Así que la solución que se nos propone es tomar precauciones para no ingerir un anisakis vivo. Eso se consigue con dos sencillas medidas de prevención:

1. Cocina bien tu pescado. Para que el calor sea capaz de matar al parásito, si lo hubiera, ha de alcanzarse la temperatura de **60 °C en la totalidad de la pieza durante, al menos, 1 minuto.**

¿Cómo sabemos que hemos alcanzado esta temperatura deseada si no tenemos un termómetro de cocina?

Llegar a estas temperaturas en los diferentes modos de cocinado (fritura, salsas, horno...) es bastante más fácil de lo que puede parecer y probablemente es lo que haces habitualmente en tu casa.

Cuando un pescado está «bien hecho», su carne se torna mate y se separa sin dificultad del hueso, lo que, por norma general, significa que ha pasado, al menos, ese minuto expuesto a la temperatura indicada (compruébalo siempre observando la zona más gruesa de la pieza).

2. Congela tu pescado si no vas a utilizar calor, o suficiente calor, en su cocinado.

Si vas a cocinar tu pescado con métodos que no incluyen aumento de temperatura, como, por ejemplo, unas *antxoas* en vinagre, ceviche, *sushi*, tartar, etc., o si te gusta comer el pescado poco hecho, **CONGÉLALO previamente** para asegurar que no tenga parásitos vivos.

Para realizar una congelación adecuada a este fin el pescado debe permanecer congelado al menos **5 días a -20 °C.**

Has de comprobar que tu congelador alcanza esa temperatura, lo indica el fabricante y, si tienes dudas, llévalo a congelar al congelador de un amigo, cómpralo ya congelado o cocina tu pescado con suficiente calor. También tienes la opción de tomar las dos medidas, **congelar y cocinar adecuadamente.**

COCINA BIEN TU PESCADO: 60 °C durante 1 minuto. CONGELA TU PESCADO, si no lo vas a cocinar adecuadamente, 5 días a -20 °C.

¿TODOS LOS PESCADOS TIENEN ANISAKIS?

NO, ni mucho menos.

Se ha observado mayor o menor presencia de anisakis en determinadas especies, en ciertos momentos del año o en algunas zonas geográficas concretas.

Pero no hay una regla exacta para identificar qué ejemplares están infestados o cuáles se encuentran exentos de la parasitación.

Hay estudios que defienden que en los pescados de piscifactoría hay menor probabilidad de encontrar anisakis que en el pescado salvaje, pero ello también depende de dónde se encuentren situadas las jaulas de crianza; si en mar abierto o en el interior.

Con lo cual, y para tu absoluta tranquilidad, te recomiendo que apliques las anteriores reglas de cocinado para todas las especies que vayas a consumir y en todos los momentos del año.

Son medidas compatibles con cualquier alternativa culinaria, respetuosas con el producto y muy fáciles de adoptar. De este modo podrás disfrutar del pescado con tranquilidad siempre.

En nuestra cultura gastronómica el cocinado del pescado es habitual. Por lo general no nos gusta el pescado poco hecho y las formas crudas son aún anecdóticas en nuestro recetario.

Casi sin querer, cumplimos con las recomendaciones de cocinado antes comentadas en nuestro día a día. Pero hay una receta que nos engaña y con la que debemos tener más cuidado. Ha sido y sigue siendo la primera causa de anisakiasis en nuestro entorno: las deliciosas anchoas en vinagre.

Normalmente no caemos en la cuenta de que en esta receta no sometemos a las anchoas ni a la acción del calor, ni a la del frío, solo a la del vinagre. Y, por ello, constituyen una ingesta poco segura. En el capítulo de recetas te explico la mejor manera de congelarlas para que no pierdan sabor ni textura y que parezcan recién hechas.

Afortunadamente, las campañas de concienciación de las diferentes instituciones están dando su fruto, siendo cada vez más personas las que tomamos estas simples medidas de prevención. Por lo que se han reducido notablemente los casos de parasitación en los últimos años.

Para acabar con el asunto de los anisakis, debemos tener en cuenta que existen **preparaciones en crudo que no requieren congelación**. Son presentaciones de pescado conservado en altas concentraciones de sal durante meses, condiciones hostiles en las cuales el anisakis no puede permanecer vivo. Y son las siguientes:

- **Las semiconservas tradicionales de anchoas en salazón**
- **Los procesos tradicionales de salazón de arenques**
- **Los pescados salados con denominación «muy salado» y «medianamente salado».**

4. CONTAMINANTES QUÍMICOS EN EL PESCADO. METALES PESADOS Y DIOXINAS

Tanto el mercurio, el metal pesado que más se suele citar con relación al pescado, como las dioxinas son sustancias químicas que se encuentran en la naturaleza: en la tierra, en el aire y en el mar.

¿Qué ocurre con ellos? ¿Por qué nos preocupan? ¿Y qué relación tienen con el pescado?

Lo que sucede es que son sustancias que, a partir de determinadas concentraciones, pueden resultar tóxicas para el ser humano.

Y, tanto las unas como las otras, debido a procesos naturales o derivados de la actividad humana, se encuentran en el mar. De ahí que los peces pueden llegar a ingerirlas y, de ese modo, las personas consumidoras de pescado también.

Las especies grandes y grasas como el tiburón, el pez espada, el atún rojo o el lucio se consideran las mayores portadoras de mercurio y dioxinas, ya que ambas sustancias se acumulan en la parte grasa de estos pescados (10).

La toxicidad de estas sustancias preocupa a la comunidad científica. Las agencias que velan por la seguridad alimentaria vigilan periódicamente los niveles de estas en la población y en las especies más comunes de consumo, encontrando en la casi totalidad de las veces valores inferiores a los límites de seguridad establecidos (11).

Además, según demuestra un estudio del Departamento de Salud de la Generalitat de Catalunya de 2019 (12), las concentraciones de dioxinas en los pescados, al igual que en otros grupos de alimentos han ido disminuyendo desde el año 2000.

En 2010, la FAO (Organización de Naciones Unidas para la Agricultura y la Alimentación) y la OMS (Organización Mundial de la Salud) transmitieron (13) un mensaje muy claro en las conclusiones del balance beneficio-riesgo que realizan acerca del consumo de pescado y marisco y la ingesta de mercurio y dioxinas, para la población en general y para la población más vulnerable en particular.

Consideran poco importantes los riesgos que supone la posible ingesta de estas sustancias a través del pescado en comparación al aporte de beneficios

que entraña para la población incorporar el pescado en la dieta. Incluyendo a los grupos de riesgo como las embarazadas y niños hasta 10 años.

Asimismo, la Agencia Española de Seguridad Alimentaria y Nutrición (AESAN) (4) asegura en su último informe de abril de 2022 que consumir pescado es **seguro** y recomendable por sus efectos beneficiosos para la salud.

Y recomienda consumir 3-4 raciones semanales de pescado procurando variar las especies entre pescados azules y blancos. Aconsejando evitar o limitar las especies más portadoras de mercurio y dioxinas[4] a la población más vulnerable a estas, como podéis observar en este QR.

En definitiva, el mensaje es bien claro por parte de la ciencia, el consumo de pescado aporta más beneficios a nuestra salud, gracias a su calidad nutricional, que riesgos derivados de su contenido en contaminantes químicos como el mercurio o las dioxinas.

Así que, a lo dicho, tranquilidad y (como dice el refrán) buenos alimentos.

5. MICROPLÁSTICOS

Los microplásticos son pequeñas partículas de tamaño **inferior a cinco milímetros** que se generan como consecuencia de la fragmentación de objetos de plástico cuando son abandonados como residuos en la naturaleza. Hablamos de nanoplásticos cuando el tamaño es aún inferior, del orden de los nanómetros.

Los seres humanos podemos estar expuestos a microplásticos y nanoplásticos por inhalación, ingestión o a través de la piel.

¿Qué tiene que ver esto con el pescado?

Pues que, dado que están en el mar, en forma de partículas en suspensión, los microplásticos pueden ser ingeridos por los peces al confundirlos con posibles presas. Y existe la preocupación de los posibles efectos en la salud de los seres humanos que ingieran esos pescados.

Se han realizado muchos estudios al respecto y según AESAN (14), la Agencia Española de Seguridad Alimentaria y Nutrición, aunque los peces puedan estar afectados por la presencia de microplásticos, ello no constituye una fuente de exposición relevante para los consumidores ya que, principalmente, se

[4] Pez espada/ emperador, atún rojo (*thunnus thynnus*), tiburón (cazón, marrajo, mielgas, pintarroja y tintorera) y lucio.

hallan en el estómago y en los intestinos del animal, partes que, por norma general, no ingerimos.

A día de hoy, no se han hallado evidencias científicas suficientes de que los microplásticos pasen al músculo del pescado y de este modo a los consumidores.

Tampoco hay estudios que demuestren, por el momento, que los microplásticos representen un riesgo para la salud humana.

Otra de las preocupaciones podría ser la presencia de otros compuestos químicos en esos microplásticos, como los llamados compuestos orgánicos persistentes, que pudieran llegar al ser humano a través del pescado.

Esta hipótesis se ha descartado en artículos en la literatura científica reciente (15) y, además, la EFSA (Autoridad Europea de Seguridad Alimentaria) tiene claro (16) al respecto que, aunque hubiera exposición, esta tendría un escaso efecto en la exposición total de los consumidores, ya que estas sustancias son objeto de amplia y estricta legislación en la UE y sus niveles máximos permitidos están muy limitados.

Así que, por ahora, poco más podemos decir al respecto.

Lo que sí que está muy claro es que la contaminación de mares y océanos a través de los microplásticos o microfibras es debida a vertidos humanos. Se estima que cada año terminan en el mar unos 10 millones de toneladas de residuos plásticos.

Es ahí y solo ahí donde podemos incidir las personas, como consumidoras de pescado y como ciudadanas para revertir la situación. Aunque pueda parecer que otros tienen la responsabilidad y que el tema nos queda lejos, todos los seres humanos aportamos nuestro granito para que esto vaya en una dirección u otra.

Yo vivo en una preciosa ciudad costera y cuando paseo por la orilla al anochecer los días de buen tiempo puedo observar la cantidad de basura que dejan abandonada en la playa las cuadrillas de nuestros jóvenes, y no tan jóvenes, que han disfrutado de una jornada al aire libre.

Bolsas de *snacks*, envoltorios de dulces, botellines de agua u otras bebidas, vasos y utensilios de plástico, filtros de cigarrillos... kilos y kilos de basura plástica que van directos a nuestro mar cuando sube la marea.

Y parece que esto no va con nosotros.

Cada cual, en la medida de nuestras posibilidades, podemos contribuir a que nuestros mares estén un poco más limpios.

Una propuesta: no sigas leyendo, párate unos segundos y piensa qué puedes hacer tú. Muchas gracias.

Todos, en la medida de nuestras posibilidades, podemos contribuir a que nuestros mares estén un poco más limpios.

6. SI TENGO ÁCIDO ÚRICO ALTO, ¿PUEDO COMER PESCADO?

Sí, por supuesto.

Solo has de limitar tu consumo de ciertas especies.

El ácido úrico es un compuesto químico que sintetiza nuestro cuerpo a partir de otras sustancias denominadas purinas. Al igual que ocurre con otros parámetros, el ácido úrico alto nos puede acarrear problemas de salud. Así que lo mejor es mantenerlo a raya.

Existen determinados alimentos especialmente ricos en purinas que pueden hacer que nuestro ácido úrico aumente.

Entre los pescados, el azul es el que más contenido en purina presenta. La bibliografía médica (17) recomienda LIMITAR el consumo de estas especies pero NO ELIMINARLAS de nuestra dieta ya que, una vez más, los beneficios que nos aportan son mayores que el riesgo que suponen para nuestra salud.

Así que ya sabes, si tienes el ácido úrico alto, además de seguir las recomendaciones dietéticas para el resto de tu alimentación, en lo que se refiere al pescado LIMITA el consumo del pescado azul, pero no dejes de consumirlo.

7. ¿EL PESCADO PUEDE PRODUCIR ALERGIA?

Sí, el pescado puede causar reacciones alérgicas igual que cualquier otro alimento, tejido, sustancia química, etc.

Ni más ni menos.

Se puede desarrollar alergia a determinadas especies de pescado o a grupos enteros.

Las alergias son reacciones de hipersensibilidad personal a determinadas sustancias, en este caso a alérgenos presentes en el pescado.

Los **síntomas de la alergia al pescado** son similares al resto de alergias alimentarias. Picor en la zona de boca y faringe, habones en la piel con un picor intenso, rinitis, conjuntivitis, crisis de asma y en los casos más graves, angioedema. Y suelen aparecer de manera inmediata tras la ingestión, contacto o inhalación de los vapores de la cocción del pescado (18).

La primera manifestación clínica puede aparecer a cualquier edad, pero es cierto que es más frecuente en los dos primeros años de vida, normalmente coincidiendo con la introducción del pescado en la dieta del niño.

La alergia al pescado es una alergia independiente de la alergia al marisco y la presencia simultánea de ambas alergias no es muy frecuente.

En niños pequeños puede desaparecer, pero en general, es frecuente que persista. Cuando comienza en la edad adulta es mucho más difícil que desaparezca.

Si presentas alergia al pescado en general o a alguna especie concreta has de dejar de consumirlo y comer solo aquello que sabes que tu cuerpo tolera. Pero no te desanimes, no todo está perdido, hoy en día existen tratamientos de desensibilización que pueden ser eficaces para que puedas volver a comer pescado. ¡Infórmate!

8. LA HISTAMINA

La histamina es una sustancia natural que genera nuestro organismo y que está involucrada, por ejemplo, en las respuestas del sistema inmunitario, entre otras funciones fisiológicas. En nuestro cuerpo se genera a partir de un aminoácido denominado histidina.

Por un proceso similar algunas bacterias son también capaces de generar histamina a partir de histidina y dar lugar a una intoxicación alimentaria conocida como escombroidosis, **generalmente ocasionada por pescado conservado en malas condiciones de higiene y temperatura**. La histidina que da lugar a la histamina se da sobre todo en la carne de pescados grasos como **el atún, el bonito, la sardina, la *antxoa* o el verdel**.

También se puede producir en bebidas y alimentos fermentados.

Se trata de una intoxicación que **generalmente no reviste gravedad**.

Se manifiesta por erupción en la piel, urticaria y enrojecimiento en cara y cuello. También es habitual la existencia de dolor de estómago, náuseas, vómitos, diarrea y sensación de calor.

En nuestro entorno las intoxicaciones por histamina **son muy esporádicas** ya que por norma general se cumplen los cuidados en la conservación de los alimentos.

Simplemente lo comento para incidir de nuevo en la importancia de las buenas medidas higiénicas en la conservación de nuestro pescado.

Existe un estudio exhaustivo sobre la histamina y otras aminas en pescados, elaborado de forma conjunta por la Organización de las Naciones Unidas para la Alimentación y la Agricultura (FAO) y La Organización Mundial de la Salud (OMS) (19).

9. ¿PESCADO SALVAJE O PESCADO DE PISCIFACTORÍA?

La acuicultura, es decir, la producción de pescado en cautividad, ha crecido a nivel mundial en la pasada década un 400 %. Igualando casi en cifras a la pesca de captura.

No hay duda de que el pescado de crianza alimenta a muchas personas en todo el planeta.

También es cierto que, en los últimos años, la acuicultura ha experimentado mejoras considerables en seguridad alimentaria, en uso de piensos y de productos farmacológicos o en las instalaciones que quieren contribuir al bienestar animal. Y eso se nota en las características organolépticas de sus productos y en la mesa.

Los pescados de piscifactoría, al igual que el pescado salvaje, son fuente de proteínas y ácidos grasos esenciales.

La acuicultura es una opción interesante que nos permite disponer de especies de difícil acceso en estado salvaje como puede ser el salmón, y que abastece a colectivos, como la restauración, que requieren una continuidad en aprovisionamiento de ciertos pescados, y de determinados tamaños; aunque la acuicultura no dispone, en ningún caso, de la misma diversidad en especies que la pesca de captura.

Si me lo preguntas a mí, yo me quedo con el pescado salvaje. Por los mismos motivos por los que me quedo con un huevo de gallina que vive en libertad frente a la que vive en cautiverio.

En Euskadi, y en España en general, tenemos fácil acceso al pescado salvaje. Nuestras pesquerías más cercanas nos ofrecen amplia variedad de pescado en los diferentes momentos del año.

Sin duda, creo que tenemos que aprovechar estos productos y apoyar a nuestro sector pesquero. Y no irnos lejos a buscar otros, en ocasiones con mayor coste para nuestros bolsillos y para el planeta.

10. PESCADO ¿FRESCO o CONGELADO?

Hoy en día tienes la opción de comprar pescado fresco en las pescaderías y pescado congelado en la sección de congelados y tiendas especializadas.

¿Es lo mismo uno que otro?

NO, en ningún caso.

El pescado que se vende congelado cumple con las normas higiénico-sanitarias exigidas por la ley, en muchos casos es congelado por buques congeladores al poco tiempo de su captura, nutricionalmente es igual de válido que el fresco y notablemente más barato.

Pero no se trata del mismo producto.

Por norma general, el pescado que vendemos en las pescaderías es capturado en caladeros cercanos a nuestras costas: Atlántico noroeste, Cantábrico o Mediterráneo en la mayoría de las ocasiones.

El pescado destinado a su venta en congelado se pesca en caladeros más lejanos como los del océano Pacífico, Índico y Atlántico sudeste. Y, en la mayoría de las ocasiones se trata de especies diferentes a las que consumimos en fresco. Por ejemplo, la especie habitual de merluza que vendemos en las pescaderías es la merluccius merluccius y, sin embargo, las destinadas a la venta en congelado son la merluccius capensis y la merluccius paradoxus entre otras. Esto se nota mucho en su sabor y textura.

También es cierto que en la sección de congelados nunca vas a encontrar la amplia selección de especies que puedes encontrar en una pescadería.

Puedes consumir pescado congelado perfectamente, pero sabiendo siempre que estás consumiendo otro tipo producto.

Algunas pescaderías tienen su propia gama de productos congelados, en cuyo caso sí se suele tratar del mismo pescado que venden en fresco, pero preparado, envasado y etiquetado para su venta en congelado.

Otra duda habitual suele ser si es lo mismo comprar pescado congelado que comprarlo fresco y congelarlo en tu propia casa.

Y NO, **tampoco es lo mismo**.

En la segunda opción tendrás mucha más variedad, tu pescado habrá sido capturado en aguas más cercanas, las especies serán otras y sabrás perfectamente qué pescado tienes en tu congelador porque tú misma habrás elegido cada pieza. Además, la variabilidad de nutrientes específica de cada especie enriquecerá tu dieta.

Si has optado por pescado congelado, sea cual sea tu opción, ten en cuenta siempre que es de vital importancia su manipulado, congelación y descongelación.

En el siguiente capítulo te explico detalladamente cómo puedes congelar y descongelar en tu casa de forma segura.

11. ¿CON PIEL O SIN PIEL?

CON PIEL. Sin duda.

La sabiduría popular siempre ha afirmado que los pescados había que comerlos con piel, que era ahí donde estaba el alimento. ¡Cuántas veces hemos oído esa frase en boca de nuestras abuelas! Pues va y resulta que van a tener razón, como en tantas otras ocasiones.

La piel del pescado es rica en proteínas, ácidos grasos poliinsaturados como los omega 3 y vitamina E (20, 21).

Si la quitamos, todo eso se va a la basura. Luego no vale ir a buscarlo en cápsulas a la farmacia.

Además, destaca por su alto contenido en colágeno, que es el responsable de espesar caldos y sopas de pescado (22).

La piel es el órgano protector del pescado, no solo a lo largo de su vida, sino también en la cazuela. Cocinar un pescado con la piel ayuda a proteger su carne de los efectos del calor y le aporta jugosidad y sabor. Además de los nutrientes antes mencionados.

Cocina con piel porque, aunque no te la comas (por ahora...), te vas a beneficiar de todo lo que te estoy contando.

Respecto al debate acerca de la concentración de mercurio y otras sustancias en la piel de los pescados, hemos de recordar las claras recomendaciones de las autoridades sanitarias al respecto. En las que se afirma que son mayores los beneficios que aporta el pescado a la salud humana, que el riesgo por consumir este tipo de sustancias. Pues lo mismo ocurre con la piel.

Además, y casualmente, los pescados con mayor concentración de mercurio, y cuyo consumo se recomienda limitar a determinadas franjas de población, son precisamente los que poseen esas pieles denominadas incomibles como: el pez espada o emperador, atún rojo, tiburón (cazón, tolla, marrajo, pintarroja, *katuarraia* y tintorera) o el lucio.

Guiños que nos hace la naturaleza.

NUESTROS PESCADOS

3

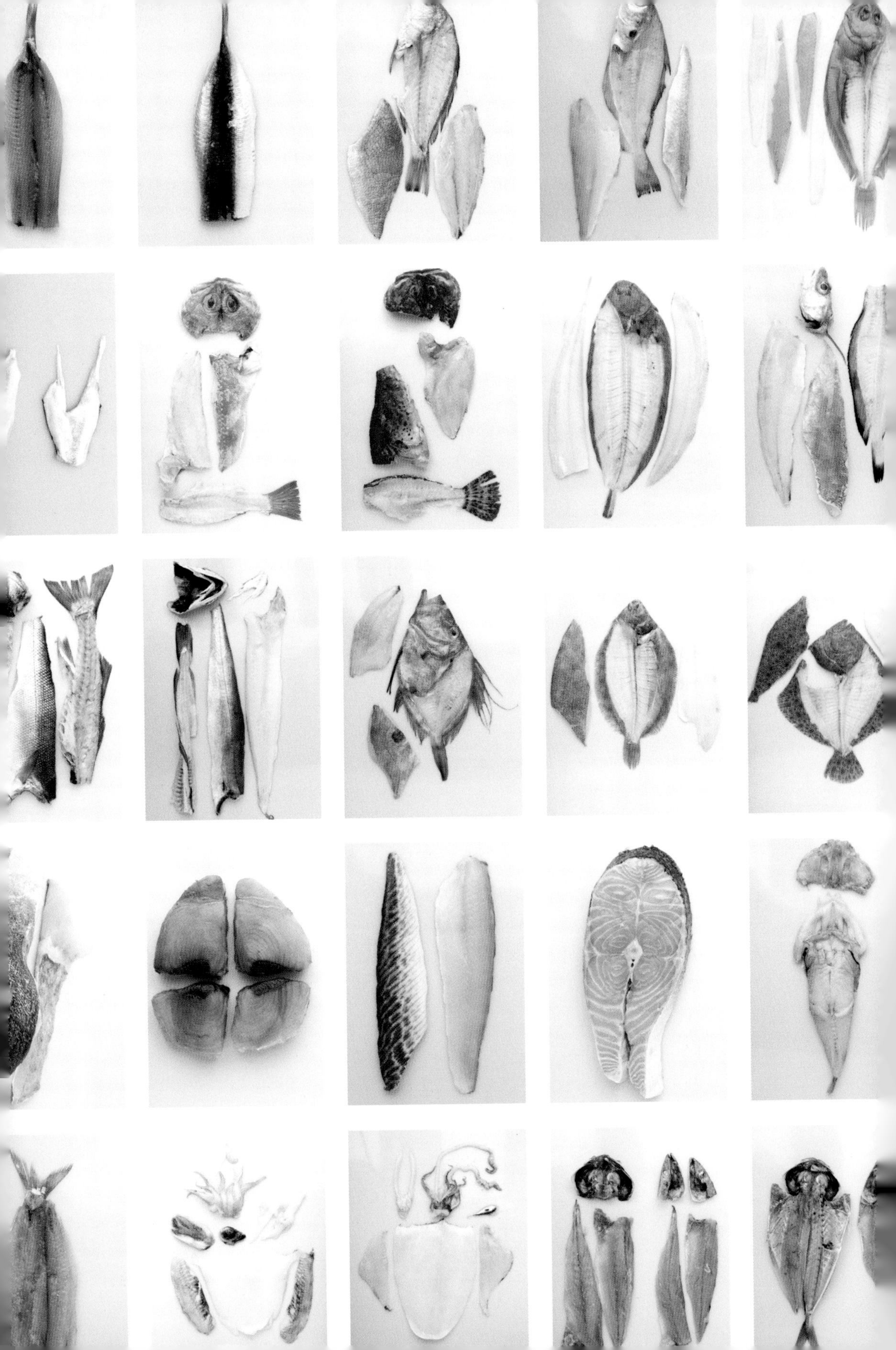

3. Nuestros pescados

En este capítulo vas a encontrar una pequeña selección de algunos de los pescados más habituales en nuestras costas y pescaderías.

Hay muchas más especies y subespecies, algunas propias de determinadas áreas geográficas o de épocas del año concretas. Pero he querido traer aquí solo unas cuantas, las más comunes.

Este capítulo tiene como objetivo capacitarte para que, cuando te sitúes frente al mostrador de una pescadería, los pescados que veas te suenen de algo, que recuerdes, aunque sea vagamente, cómo se pueden cocinar, dónde tienen las espinas o cómo los puedes pedir.

Y, sobre todo, que ese conocimiento te anime a probarlos.

1. *Antxoa* y sardina
2. Jurel y caballa
3. Bonito del Norte
4. Gallo de san Pedro
5. Raya
6. Merluza
7. Huevas de merluza
8. Bacalao
9. *Kokotxas*
10. Gallo y lenguado
11. Platusa
12. Rodaballo
13. Rape
14. *Txipiron* y sepia
15. Lubina
16. Gallineta y *kabratxo*
17. Sabirón
18. Salmón
19. Carcajal
20. Congrio
21. *Lotxa*
22. Faneca

ANTXOA Y SARDINA

Antxoa*, boquerón, anchoa, bocarta. *Engraulis encrasicolus
Sardina, parrocha (sardina pequeña). *Sardina pilchardus*

Observa bien las fotos de ambas especies, se parecen, pero no son iguales.

Quizás esto te está pareciendo de Perogrullo, pero sé, por mi experiencia diaria en el mostrador, que a veces no es fácil distinguir una especie de la otra, especialmente cuando la sardina es pequeña. Por eso he puesto las fotos bien juntas, para que las puedas observar tranquilamente.

Los dos son pescados muy presentes en nuestro día a día. Durante casi todo el año podemos consumir *antxoas* y sardinas de una u otra procedencia. En momentos de abundancia suelen venderse a precios realmente interesantes.

En el Cantábrico, la sardina se pesca en invierno y la *antxoa* durante la primavera, a partir del 1 de marzo. En otros puertos peninsulares las fechas de las campañas son distintas.

Ambas especies son ricas en calcio, hierro, vitamina D y ácidos grasos omega 3, ¡casi nada! Todos nutrientes muy importantes para el normal funcionamiento de nuestro cuerpo, nuestras arterias y nuestro sistema inmune.

Normalmente asequibles de precio y disponibles en el mercado, estos pequeños peces gregarios, que viven en grandes bancos, son muy beneficiosos para nuestra salud. ¡Aprovechemos tantos recursos que la naturaleza pone a nuestro alcance!

Como puedes ver en las imágenes, la *antxoa* es de cuerpo más alargado y casi no tiene escamas perceptibles. La sardina, en cambio, es más ancha y tiene muchas escamas brillantes. La cabeza también la tienen diferente.

También puedes observar ambos pescados con los mismos cortes: enteras, sin cabeza ni vísceras y abiertas en mariposa, para que quede claro que ambas se pueden arreglar de la misma forma.

Si te fijas en las fotos en las que están abiertas en mariposa distinguirás una de la otra a la primera. Pero lo harás, sin darte cuenta, al leer el nombre que está debajo. Porque si no hubiera denominación te costaría algo más diferenciarlas, incluso a mí me podría ocurrir. Es normal. No son tan diferentes.

La carne de la *antxoa* es más tersa que la de la sardina, pero a su vez, la de la sardina es más jugosa, por su mayor contenido en grasa (casi el doble) que, como ya he dicho, en las dos especies son grasas de las mejores, los famosos ácidos grasos omega 3.

Ambas se pueden cocinar con las mismas recetas (de verdad, créeme): fritas, rebozadas, en papillote, en escabeche, marinadas, al horno, al vapor, en tomate, encebolladas, en adobo, a la plancha, etc.

Solo hay dos excepciones. La brasa, donde la sardina es más adecuada por su alto contenido en grasa. Y en tortilla o revuelto, donde no te la aconsejo por sus espinas.

La realidad, sin embargo, es que en gran medida hace tiempo que hemos exiliado a las sardinas al fuego de las brasas donde, por cierto, están sublimes. Y no les hemos dejado volver a la sartén o a la cazuela. Porque decimos que huelen. Discrepo, una sardina despojada de sus vísceras y cabeza, como una *antxoa*, no huele más que esta, y abiertas en mariposa lo mismo.

Dejemos regresar a las sardinas a nuestros hogares, de donde nunca debieron salir; tienen mucho que ofrecernos a nivel gastronómico y nutricional.

En el capítulo de recetas encontrarás recetas fáciles para cocinar los dos pescados. ¡Anímate a probarlas!

Aviso importante: la sardina tiene mucha escama que has de quitar antes de cocinarla (excepto a la brasa, que se pone con ellas).

La manera más fácil de sacar las escamas a las sardinas es la siguiente: las pones en un recipiente con agua bien fría y sal y vas deslizando tus dedos con cierta presión en dirección contraria a la cola, las escamas irán cayendo al agua. ¡Ojo!, esa escama tiene la capacidad de atascar el desagüe. Esto lo puedes evitar colando el agua por un colador al verterlo por la fregadera. Las escamas quedarán en el colador y no habrá atascos. Así de fácil.

Ambas especies son ricas en calcio, hierro, vitamina D y ácidos grasos omega 3

¿Has comido alguna vez sardinas rebozadas? Son un manjar

Antxoa

Antxoa limpia

Antxoa mariposa

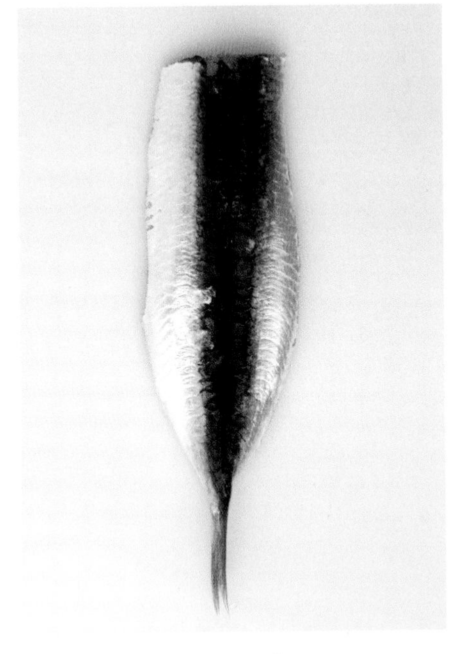

Antxoa mariposa

Sardina

Sardina limpia

Sardina mariposa

Sardina mariposa

JUREL Y CABALLA

Txitxarro* y verdel. *Trachurus trachurus y Scomber scombrus

Otros dos pescados que pongo juntos para que los puedas ver de cerca y aprendas a distinguirlos bien, ya que es muy frecuente que se confundan el uno con el otro.

Los dos son pescados azules comunes en todos los océanos del planeta, muy consumidos en toda la península ibérica y la cuenca mediterránea.

Ricos ambos en grasas saludables, el *txitxarro* o jurel destaca por su contenido de vitaminas del grupo B como la B12, B6 o B3 y de selenio; el verdel por su elevado aporte de ácidos grasos omega 3 y vitamina D.

Por esto son recomendados para mantener en forma el sistema inmune y el corazón, y para prevenir enfermedades de diferente índole.

Son pescados cotidianos, muy presentes en nuestras mesas y accesibles, porque su abundancia hace que en temporada estén muy bien de precio. No suelen crecer demasiado: si bien muy de vez en cuando se puede ver algún *txitxarro* cercano a los 2 kilos, es muy raro encontrar un verdel que supere los 700 gramos.

Si ya los conoces puede que estés pensando que tienen muchas espinas. Sí, es cierto... ¡el paraíso para los amantes de comer pescado con las manos chupando cabezas y huesos!

Pero si no es tu caso, basta con que pidas en la pescadería que te los preparen en lomos para librarte de la mayor parte de las espinas de la pieza. Ya en tu casa, pasa el dedo por los lomos y si notas alguna más, la retiras con una pinza. En un momento tendrás tus lomos de verdel o de *txitxarro* totalmente limpios.

Como puedes ver en las fotografías, cuando se desloman o se abren para asar como un libro, sus interiores se parecen.

Al paladar son similares, aunque cada uno conserva claros matices de peculiaridad. Si crees que no sabrías distinguirlos en el plato, juégatela. Hazte con un ejemplar de cada especie y cocínalos igual, por ejemplo, a la plancha en lomos o fritos en rodajas. Y los catas, verás cómo te sorprenden.

Como buen pescado azul, son aptos para asarlos, freírlos, marinarlos y prepararlos en escabeche.

Más adelante, en el recetario, tienes sugerencias de todo tipo.

Txitxarro y verdel

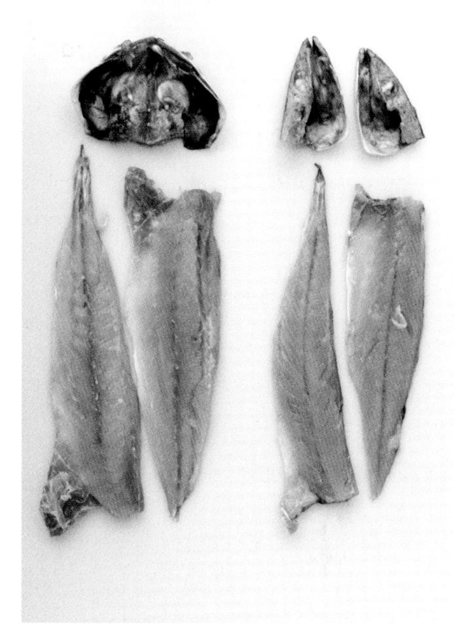

Txitxarro y verdel en lomos

Txitxarro y verdel en mariposa

Txitxarro y verdel en mariposa

BONITO DEL NORTE

Atún blanco, *hegaluze*. *Thunnus alalunga*

El bonito del Norte es el túnido estrella de la gastronomía vasca y de la pesca artesanal del Cantábrico. De menor tamaño que el atún rojo, no supera normalmente los 20 kg, su carne es más blanca que la de este, y su sabor más suave.

De vital importancia para la economía del sector, hace años que la pesquería artesanal del bonito del norte en el Golfo de Bizkaia es reconocida por el certificado MSC, una de las certificaciones internacionales de sostenibilidad más importantes que existen. Garantía de la pesca sostenible y respetuosa con el medio ambiente. Además del sello K de Kalitatea, otorgado por el Gobierno Vasco, que asegura la alta calidad del producto.

Con alto contenido en ácidos grasos omega 3 y vitamina D, el bonito es otro gran aliado para nuestra salud. En verano, la flota del Cantábrico dedica sus jornadas a la campaña del bonito, que suele durar más o menos hasta octubre.

Asadores, restaurantes, sociedades y hogares huelen a bonito. A la plancha, encebollado, con tomate, en *marmitako*... un sinfín de recetas de toda la vida que hacen las delicias de los paladares más exigentes y de las gentes de mar, conviven ahora con nuevas y modernas incorporaciones como sushis, tatakis o sashimis que muchas personas no llegan a estimar y otras adoran. Los pros y contras de la globalización.

En el recetario de este libro encontrarás varias recetas tradicionales de bonito. Fáciles, sanas y elaboradas con productos de temporada que puedes versionar con otros túnidos que te gusten o que tengas más a mano como los atunes, o con otros pescados de similares características como la melva o el lampo.

Ten en cuenta siempre que todos ellos se cocinan muy rápido y que no los puedes tener mucho rato al fuego porque si no, se secarán como una alpargata.

El bonito del norte no se disecciona en tantos cortes como el atún rojo, por su menor tamaño, pero sí que se distinguen claramente las características de las diferentes partes de su cuerpo. Por ejemplo, la zona ventral, o ventresca, donde apoya el abdomen del pescado, es la zona más grasa, y de ahí la más jugosa, especialmente recomendada y exquisita a la brasa.

La zona del cogote es también muy jugosa, al igual que la parte final de la cola que, aunque presenta unos cartílagos a modo de tendones, es muy agradable de comer porque es más difícil que resulte seca.

En la foto tienes una rodaja de bonito, más bien del centro.

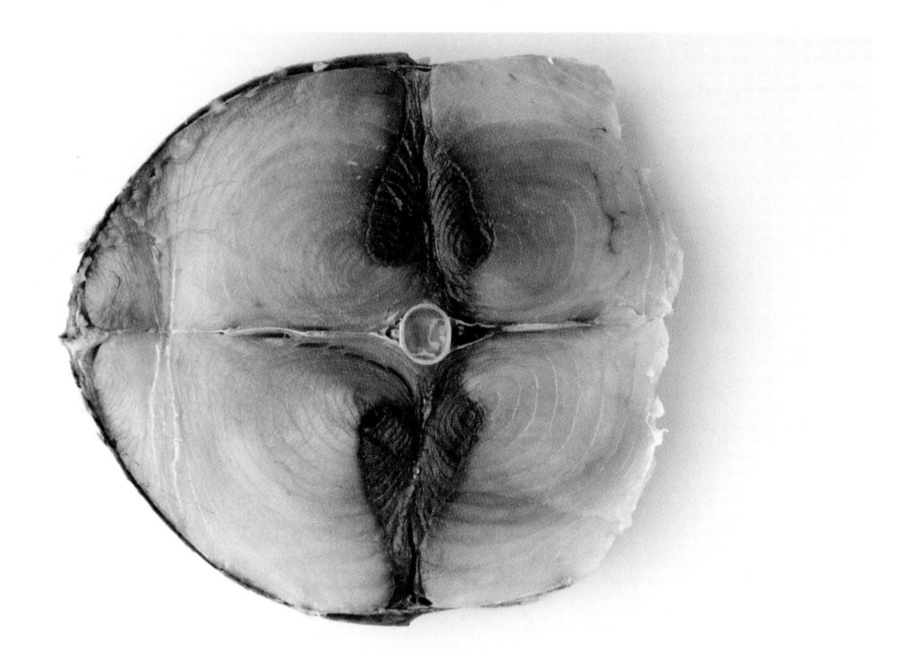

Rodaja de bonito entera

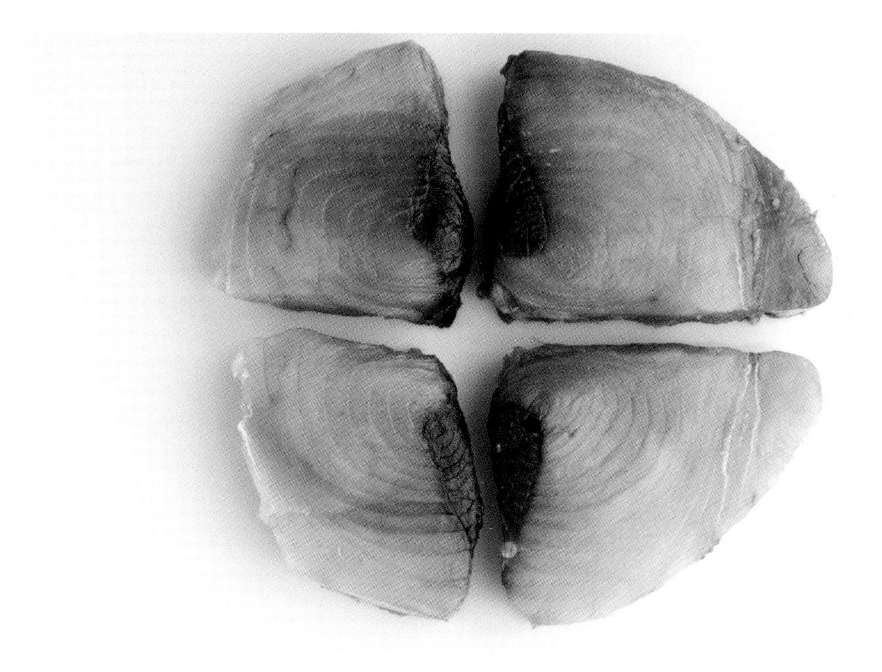

Rodaja de bonito deshuesada

GALLO DE SAN PEDRO

Muxumartin*, pez de san Pedro, martín, san Martiño. *Zeus faber

Es uno de los pescados más curiosos de entre los que suelen decorar el mostrador de las pescaderías. Y me refiero a curioso no solo porque su forma te llama la atención por lo bonito que es, con sus largas espinas y su cabeza llena de crestas. Si no, además, porque cuando buceas junto a él es un cotilla y viene a saludarte como diciendo «y esta ¿qué hace aquí?».

Presente en gran parte de los océanos del mundo, este bello animal presenta dos manchas negras en ambos lomos que lo caracterizan. Existen muchos mitos acerca de ellas, pero el más aceptado es el que relaciona a nuestro pez con el apóstol san Pedro. Cuenta la Biblia que estando él y Jesucristo apurados de dinero con el que pagar los tributos que debían, Pedro hizo lo que Jesús le indicó: «Ve al lago, tira un anzuelo y abre la boca del primer pez que cojas. Encontrarás la moneda que necesitamos para pagar» (Mateo 17, 27). Así, según la leyenda, los dedos de san Pedro quedaron grabados para siempre en el pescado. Y de ahí recibe su peculiar nombre.

Se trata de un pez que, quizás por su peculiaridad, cuenta con muchas referencias en la literatura. Ya Aristóteles, en la antigua Grecia, lo describe brevemente en sus escritos, y la escritora inglesa Eliza Acton recomienda en su manual de cocina, *Modern Cookery for Private Families* de 1845, simplemente hornearlo «muy suavemente», evitando que se seque (23). Julio Verne habla detalladamente sobre este pescado en su novela A*n Antartic mystery*, de 1897 (24), en la que lo define como «janitore», el guardián de la puerta.

Y ya en nuestros días, cabe señalar las maravillosas fotografías sobre el despiece del *muxumartin* que el joven cocinero australiano Josh Niland muestra en su obra *Todo el pescado* de 2020 (25). Arte sobre arte. El gallo de san Pedro es un pescado blanco entre cuyas características nutricionales destaca su alto contenido en fósforo, vitamina B12 y ácidos grasos omega 3. De carne muy tersa y laminada, blanca, sabrosa y a la vez suave es muy apreciado y cotizado en la gastronomía en general. Nosotras, en la pescadería lo hemos vendido toda la vida. Grandes y pequeños. Los grandes suelen cotizar caros en las subastas ya que tienen mucha demanda en la hostelería llegando, a veces, a precios desorbitados; los pequeños, por norma general son más asequibles.

En las fotos que te adjunto puedes observar el *muxumartin* entero y deslomado, pero admite más presentaciones como, por ejemplo: en rodajas y sin cabeza o en lomos sin piel. Su piel, casi sin escamas, aunque en principio pueda parecer tosca, una vez cocinada queda suave y casi no se nota. Lo puedes preparar de muchas maneras, es muy versátil: en salsa verde, a la plancha, rebozado, frito, al vapor, a la parrilla y de todas las formas que te imagines. Más adelante, yo te lo presento entero, al horno y acompañado de verduras. ¡Anímate a cocinarlo, es muy rico! Si tienes miedo a las espinas pide en la pescadería que te las quiten, eso sí, ten en cuenta que cuando se prepara en filetes se genera muchísimo desperdicio, ya que su esqueleto, vísceras y cabeza pesan bastante; pero aún y todo, mi clientela siempre me dice que merece la pena.

Muxumartin entero

Muxumartin deslomado

RAYA

Rajidae

Cuando hablamos de raya normalmente nos estamos refiriendo a las alas del pez raya, es así como las vas a encontrar habitualmente en las pescaderías: peladas y separadas del resto del cuerpo (como se muestra en las fotografías).

Se trata de un pescado blanco rico en selenio y vitamina B12 y especialmente bajo en grasas. Prima hermana del tiburón, la raya no posee espinas ni escamas, su esqueleto es cartilaginoso y su piel dura y mayoritariamente áspera no se puede comer.

Pelar raya es un arte difícil y casi extinto, es probable que muchos profesionales noveles de la pescadería no lo sepan realizar.

Gastronómicamente, este pescado resulta muy interesante por la forma de sus fibras musculares que son muy largas, por su ausencia de espinas y su peculiar sabor. Si no la has probado nunca te animo a que lo hagas, solo así podrás saber si te gusta. La manera más tradicional de preparar la raya la tienes en la sección de recetas, «raya a la gallega», donde te propongo cocerla con verduras y aliñarla después. Pero hay más formas de cocinarla: en una rica salsa verde con patatas, frita u horneada.

Curiosamente, en las elaboraciones que interviene más el agua, como la cocción, el vapor o la salsa verde; la raya se nos presenta con un sabor suave. Sin embargo, cuando la fríes o la horneas, el sabor se vuelve más intenso.

En los entornos más marineros de la ciudad se elaboraba con la raya un plato denominado «angulas de los pobres». Era una preparación en la que las fibras musculares hervidas se separaban una a una y simulaban ser angulas. Después se freían brevemente en una cazuela de barro con ajo y cayena y daba el pego de ser una suculenta cazuela de angulas de Aguinaga, pero a un precio mucho más módico.

Hay una cuestión importante a tener en cuenta, la raya no debe oler a amoniaco. Una raya fresca no huele más que a pescado fresco, solo adquiere olor a amoniaco cuando ya han pasado días desde su captura o las condiciones en las que se ha conservado no han sido idóneas.

La raya, al igual que el resto de los pescados frescos, se puede congelar; en crudo o cocinada.

Hay un dicho popular que reza: «Por mal que te vaya, no comas raya». No puedo estar más en desacuerdo. Puedo intuir, pero es solo una suposición personal, que esta afirmación está relacionada con el pez torpedo. Físicamente similar a la raya y sin ningún interés culinario, este pescado desprende descargas eléctricas al ser capturado, y es despreciado por ello. No me extraña, ¡a ver quién se come un pez que da calambre!

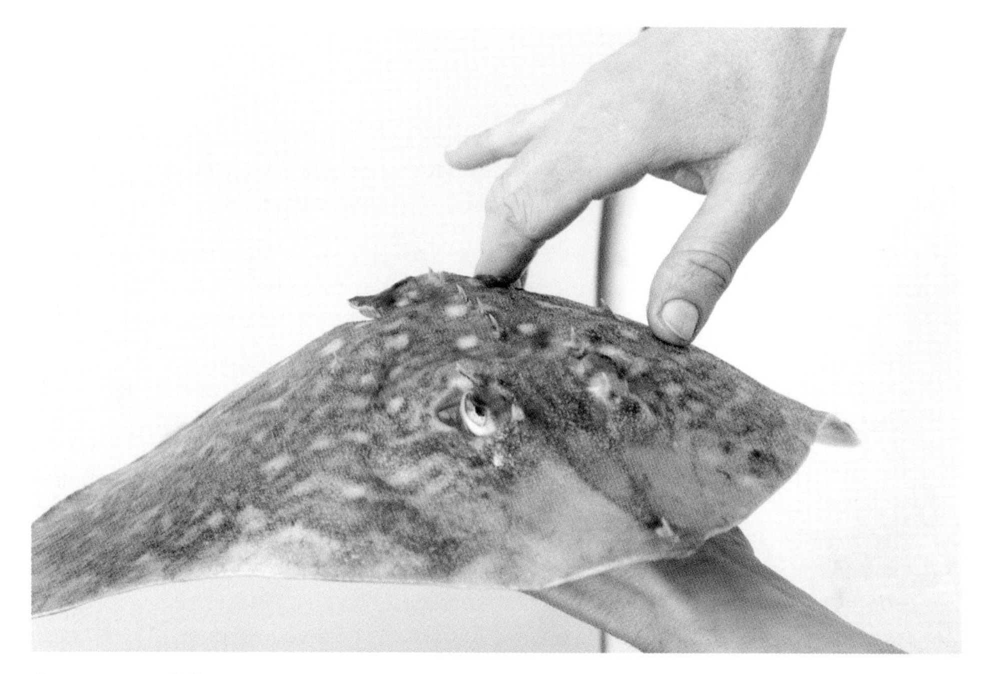

Raya con piel

Raya sin piel

MERLUZA

Merluccius merluccius

La merluza es el pescado blanco por excelencia, el más popular, el más abundante, el más vendido y el más global. Existen muchas especies diferentes de merluza, cada una con sus peculiaridades, en todos los océanos de la tierra.

En nuestro entorno la más consumida es la merluza europea o *Merluccius merluccius*. Se trata de un pescado fácil de digerir y muy suave de sabor y textura, con alto contenido en proteínas, vitaminas del grupo B como la B1, B3 y B12 y en minerales como el selenio y el yodo. El nombre genérico de la especie es merluza, aunque en función de su tamaño se denomina de un modo u otro: pescadilla, mediana, carioca o pitillo... El término merluza se reserva para las piezas de mayor tamaño.

Habitualmente, en las pescaderías puedes encontrar dos tipos de merluza, una que luce brillante y lustrosa, con todas sus escamas; y otra de tono más mate y apagado (como se aprecia en la fotografía). Siendo las dos de la misma especie, lo único que las distingue es el arte de pesca utilizado para su captura. La primera ha sido pescada con sedales y anzuelos, de modo que la pesca es más cuidada y selectiva; y la segunda con redes de arrastre, donde la merluza es arrastrada en la red y pierde su escama y su brillo. Normalmente la carne de la merluza de anzuelo es tersa, blanca y brillante; mientras que la de arrastre suele ser más rosácea, a veces algo más blanda y puede presentar imperfecciones; aunque las dos sean igual de frescas.

Por norma general, la merluza de anzuelo cotiza más alta en lonja que la de arrastre.

Al igual que en el cerdo, de la merluza se utiliza todo: los lomos, los huesos, la cabeza, las carrilleras, la *kokotxa*, las huevas y hasta hace muy poco, las trimpollas, que no son otra cosa que las vísceras. Solía ser común consumirlas, en los ambientes marineros, en una salsa tipo española junto con las huevas. Era un plato contundente y no precisamente suave. Recuerdo aún su intenso sabor a plato de caza. La merluza se puede arreglar en lomos, como se observa en la fotografía, y de otras muchas maneras como rodajas o abierta como un libro. Es un pescado muy versátil en la cocina, la puedes preparar: cocida, al vapor, en salsas, al horno, a la plancha y de un montón de formas más.

En la actualidad existe cierta reticencia a consumir merluza originada por la posible presencia de anisakis. Los dos factores más determinantes en la probabilidad de parasitación de una pieza son: el arte de pesca utilizado y la zona geográfica donde se haya capturado. Por norma general, las merluzas pescadas con artes de sedales y anzuelos y capturadas en los caladeros más septentrionales del Atlántico noroeste suelen destacar por ser las menos parasitadas de nuestro entorno.

Cuando una merluza presenta anisakis, estos se encuentran normalmente en su zona ventral, como en la mayoría de los pescados, fáciles de visualizar y de retirar. En el capítulo 2 te recuerdo las sencillas medidas a adoptar para evitar los riesgos de parasitación y para poder consumir el pescado en general y la merluza, en particular, con total tranquilidad.

Merluza de anzuelo y de arrastre

Merluza de anzuelo en lomos

HUEVAS DE MERLUZA

Los dos saquitos que ves en la foto son lo que comúnmente llamamos huevas, en este caso de merluza. En realidad, son las dos bolsas que albergan a millones de diminutos huevos dentro de ellas.

En la parte central están unidas entre sí, y es también en ese punto donde se unen al vientre del pez. Y en su superficie se ven vasos sanguíneos que las rodean. Al cocinarse las huevas, estos quedan de color más oscuro, como marrones; es normal.

Las huevas, al igual que el pescado, son una importante fuente de proteínas, de ácidos grasos poliinsaturados y destacan por su alto contenido en colesterol.

Generalmente, las huevas de merluza se consumen cocidas y con vinagreta, como verás más adelante, aunque también están muy ricas fritas y crujientes o en salsa verde. Las prepares como las prepares es mejor que las cuezas previamente.

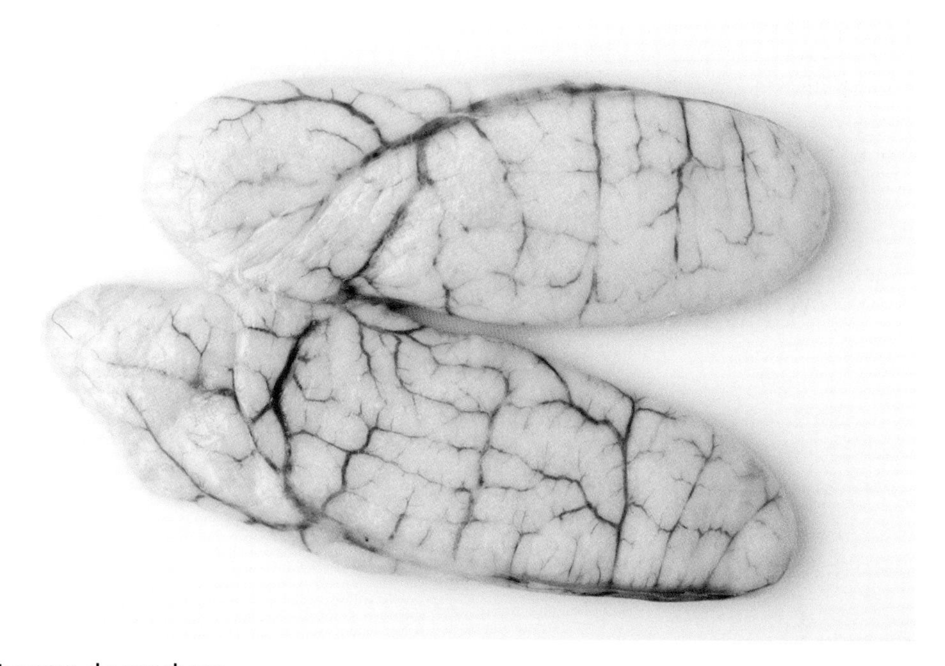

Huevas de merluza

BACALAO

Gadus morhua

Pescado blanco especialmente rico en proteínas, el bacalao es una fuente importante de vitamina B12, ácidos grasos omega 3, y selenio, aunque también destaca por su contenido en cobre, fósforo y potasio. Tanto en fresco, como especialmente en salado, el bacalao ha sido, desde tiempos ancestrales, pieza clave en la subsistencia de muchas poblaciones europeas como importante reserva proteica.

Podemos decir que el bacalao es el pescado omnipresente por excelencia, en muchos lugares se consume y se cocina muy bien: vas a Portugal y te encuentras en el país de las mil y una recetas de bacalao, vas a Bilbao y como ellos no hay quien lo guise, vas a Soria y en el pueblo más recóndito que te puedas imaginar resulta que hay un restaurante especializado en bacalao, que hace unos platos de morirse. No hablemos ya de Noruega, Dinamarca o Italia, por no salirnos de Europa.

Que sí, que el bacalao no es un simple pescado de piel verdosa y carne fina. Es el viajero de los mares, el colonizador de cocinas y el seductor de pueblos, que todos desean poseer, adoptar e incluso empadronar.

En el País Vasco la industria bacaladera ha jugado un papel crucial desde el siglo XVI, con la pesca del bacalao en Terranova. Cuentan los escritos que la ciudad de San Sebastián fue, en algunos tiempos, el mayor centro de comercialización de bacalao de la Península Ibérica, y que en almacenes situados en la playa de la Concha se secaba y guardaba bacalao que luego era exportado a toda Castilla.

Hoy en día se comercializa bacalao salado, seco, congelado y fresco; en este libro voy a referirme en exclusiva a este último.

Durante casi todo el año, puedes encontrar en las pescaderías bacalao fresco. Pueden ser piezas grandes que se venden al corte, como la de la fotografía, donde ves un buen trozo del centro de un bacalao; o también puedes encontrar piezas más pequeñas que se venden en entero con o sin cabeza.

La mayor parte del bacalao en fresco que llega a nuestros puertos procede, en la actualidad, de Noruega y Dinamarca. Además, de enero a abril, encontrarás el bacalao Skrei (que significa nómada), que es el sello de calidad bajo el que se comercializa el bacalao noruego de temporada. Los estrictos requisitos de control en todo su proceso de pesca y comercialización hacen de él un producto de alta calidad y frescura.

Aunque también es cierto que existen bacalaos de calidad excepcional fuera de esa certificación, como el del Mar del Norte. Como pescado de carne blanca y delicada que se deshoja en lascas, y piel tersa y gelatinosa, el bacalao es diana de todo tipo de elaboraciones en la cocina. Hay extensos tratados de gastronomía dedicados íntegramente a este pescado.

No te preocupes, tú también puedes hacer cosas ricas y fáciles con un trozo de buen bacalao en tu casa. En este libro encontrarás tres recetas con bacalao, pero te propongo que lo cocines también en otras elaboraciones como pueden ser: al horno, en salsa verde, frito con pimientos, en salsa de tomate, rebozado o en *marmitako*.

El bacalao se puede cocinar en rodajas, entero, en bocaditos o a lomos. En las piezas grandes, la zona del cogote se vende a parte y es especialmente jugosa.

Si dudas sobre cómo pedirlo, ya sabes, pregunta a tu pescatera de cabecera, te ayudará de mil amores

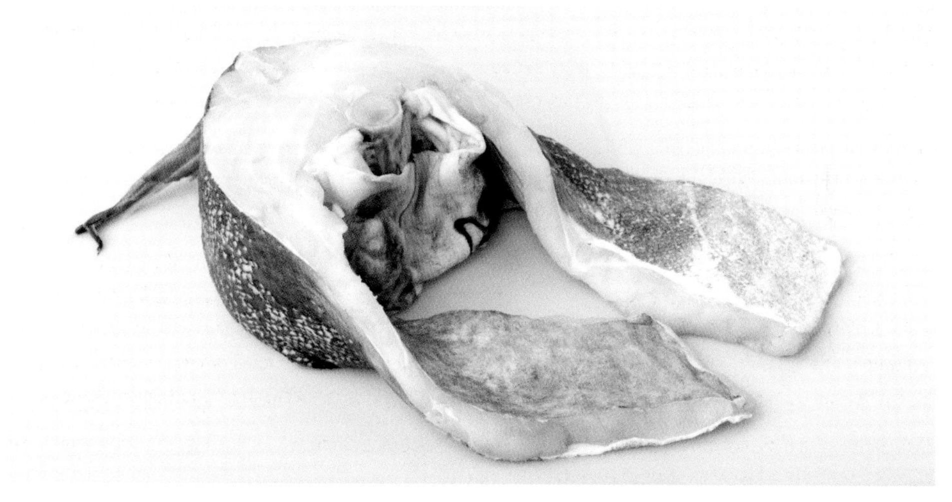

Rodaja de bacalao entera

Rodaja de bacalao deslomada

KOKOTXAS

Muchas personas tienen dudas acerca del lugar exacto de la merluza o del bacalao donde se encuentra la *kokotxa*, pues aquí te lo presento.

Como puedes ver en la fotografía, la *kokotxa* es el triángulo gelatinoso que se encuentra debajo de la mandíbula de los pescados. Cada merluza y cada bacalao solo posee una kokotxa, nada más.

La mayoría de los pescados tienen kokotxa, pero las de mayor relevancia comercial y gastronómica son las de merluza y bacalao.

Como se aprecia en las imágenes, ambas *kokotxas* son más bien blancas; aunque las de merluza poseen trazos grises y negros y las de bacalao pueden tener tonalidades pardas y verdes, en función del tipo de bacalao al que pertenezcan. Estas últimas son siempre más gruesas, al margen de que sean de mayor o menor tamaño, y su proporción de gelatina también es mayor. Las personas que no toleran la sensación gelatinosa en un bocado no suelen querer las *kokotxas* de bacalao.

Por el contrario, las de merluza, aunque poseen gelatina, la tienen en menor proporción y al cocinarlas, especialmente en salsa, esta queda dispersa en la mezcla de texturas y es menos perceptible al paladar.

Cuando cojas una *kokotxa* con la mano podrás apreciar que, en su parte interna, existe una prominencia dura, comúnmente llamado totorrito. No te asustes, no es un hueso, no hay que quitarlo. Se trata precisamente de uno de los elementos responsables de engordar la salsa de tu cazuela de *kokotxas* y de aportar gelatinosidad. Una vez cocinado no lo notarás duro en absoluto.

Las *kokotxas* se comercializan en fresco o en congelado, y las de bacalao también en salado.

Cada tipo de *kokotxas* se comporta de forma diferente en la cazuela. No es lo mismo la *kokotxa* de una especie u otra de merluza o de bacalao, o una *kokotxa* fresca que una congelada, o la de una merluza de anzuelo que la de una de arrastre... todas las *kokotxas* no son iguales.

La *kokotxa* de merluza europea, que es la que se encuentra comúnmente en fresco en las pescaderías, es la que mejor resultado te dará, y si es de merluza de anzuelo será más fina y suave aún.

Dentro de las congeladas, la que mejor se comporta en la cazuela es la de merluza europea. Las de otras especies de merluza puede que les cueste más sacar la gelatina o a veces resultan duras, aunque no siempre.

Con la receta de *kokotxas* en salsa verde que verás más adelante, me gustaría enseñarte a sacar lo mejor de la *kokotxa* que dispongas, sea la que sea.

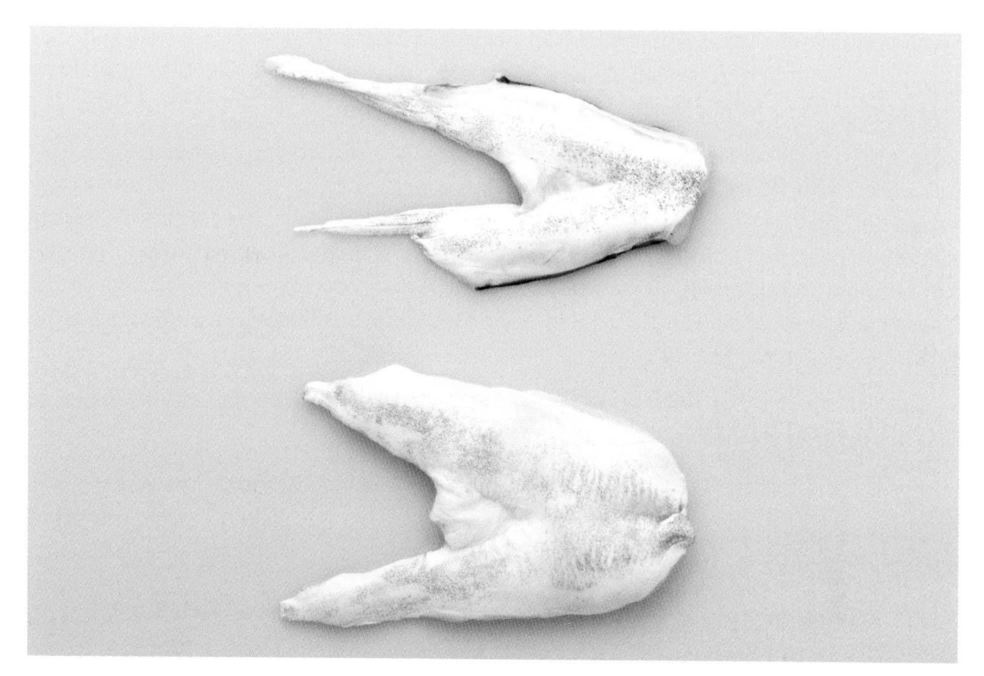

Kokotxa de merluza y *kokotxa* de bacalao

Kokotxa de merluza y *kokotxa* de bacalao, reverso

Tradicionalmente, las *kokotxas* se han cocinado siempre en salsa verde y rebozadas, aunque en la actualidad también son preparadas a la parrilla, a la plancha y en revuelto.

Respecto a los orígenes de su uso en la cocina, el gran crítico gastronómico guipuzcoano, Jose María Busca Isusi, en su libro *La cocina vasca de pescados y mariscos* (26) afirma que fue concretamente en 1929 cuando aparecen las primeras evidencias escritas sobre su comercialización por si solas, y, por tanto, parece que fue cuando comenzaron a hacerse el sitio que merecen en nuestra gastronomía. Antes las *kokotxas* se vendían como despojos, junto a las trimpollas (tripas) y las arrabas (huevas) de las merluzas.

Y fue la ciudad de San Sebastián, según el autor, el centro de irradiación desde el que se dieron a conocer a todo el mundo.

Hoy en día, las *kokotxas* siguen siendo uno de los platos estandarte de la cocina vasca.

Cocinar *kokotxas*, ya sea en una buena cazuela en salsa verde o rebozadas, no es tan difícil. ¡Anímate a probarlo!

Y si es la primera vez que lo haces, cocina pequeñas cantidades. Más adelante ya harás grandes cazuelas.

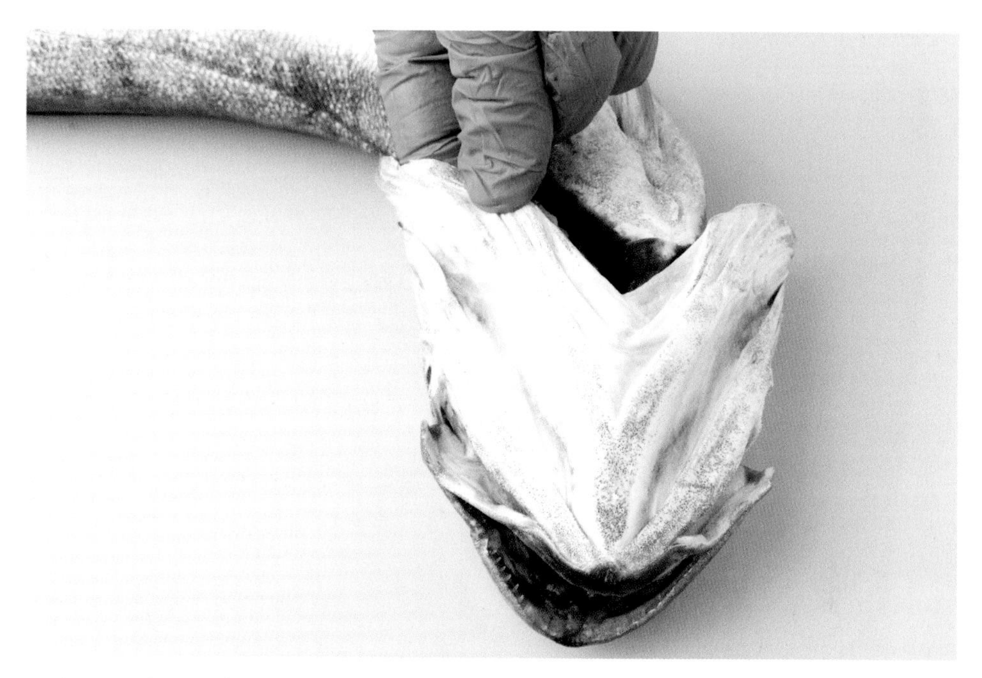

Kokotxa de merluza

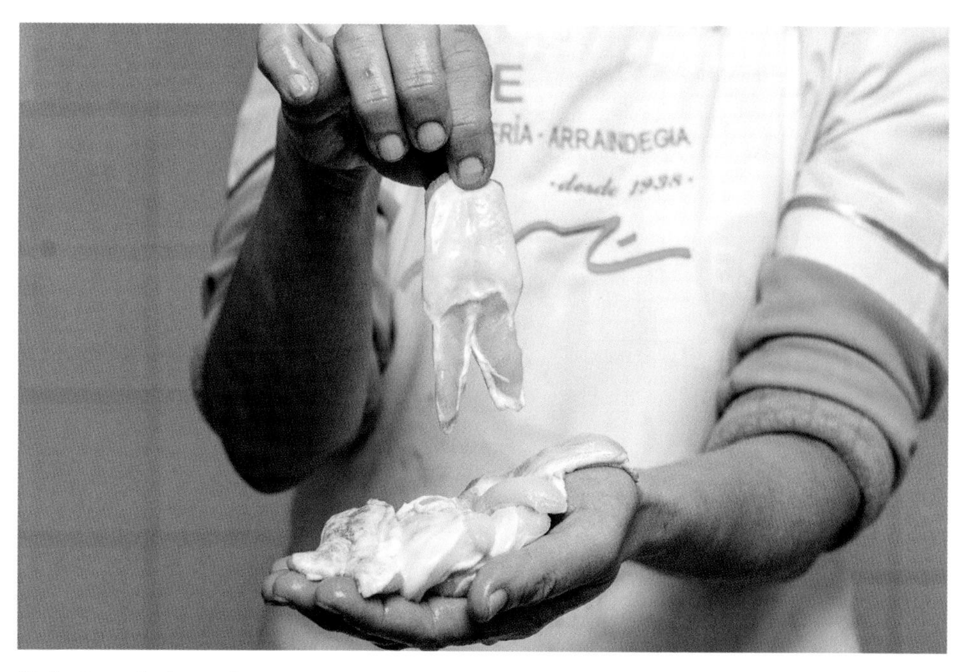

Kokotxa de bacalao

GALLO Y LENGUADO

Gallo. *Lepidorhombus boscii.*

Lenguado. *Solea solea.*

He puesto estos dos pescados juntos para que puedas advertir muy bien sus diferencias. Ambos planos, y algo similares, suelen dar lugar a confusión a veces, para miradas no habituadas a verlos a diario. Normal. Existen más subtipos de gallos y de lenguados, pero he puesto aquí los más habituales en las pescaderías.

Como puedes apreciar en las fotografías a simple vista, el gallo tiene la cabeza más grande y huesuda que el lenguado, y normalmente su piel es más clara.

El lenguado tiene las barbas laterales más pequeñas y más pegadas al cuerpo que el gallo, que las tiene más grandes y separadas.

La piel del lenguado es mucho más gruesa que la del gallo, aunque se puede comer perfectamente; es más, yo considero que aporta un agradable toque a marisco.

Aunque ambos se pueden filetear, es más idóneo hacerlo con el gallo, ya que su cuerpo es más grueso y los filetes resultantes son más gordos. Del lenguado, al tener el cuerpo más plano, siempre salen filetes más delgados.

Nutricionalmente similares, ambos son fuente de proteínas y de vitamina B12, en el gallo destaca su contenido en hierro y en el lenguado su aporte de vitamina D y ácidos grasos omega 3.

La carne del lenguado es mucho más firme que la del gallo, que la tiene más blanda, sin llegar a deshacerse. Por ese motivo el gallo es más indicado que el lenguado para las personas con masticación limitada.

Tienes que tener en cuenta, en ambos pescados, que el desperdicio ocasionado cuando se filetean es muy grande por las cabezas, las vísceras y las espinas.

Siempre que puedas, intenta consumirlos con ellas, aportan mucho sabor y minerales a tu pescado cocinado. Y si lo tienes que filetear, procura dejarlo con su piel y conservar las espinas y cabezas para hacer un buen caldo o fondo de pescado.

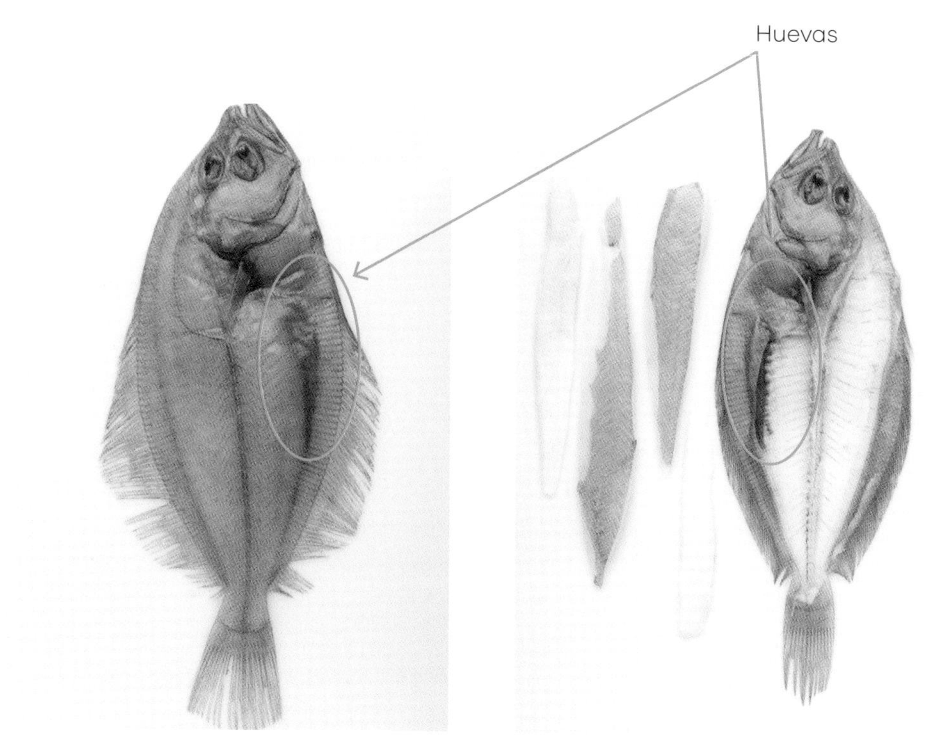

Gallo entero

Gallo deslomado

Lenguado entero

Lenguado deslomado

PLATUSAS

Platusa negra, rémol o *coruxo*. *Scophthalmus rhombus*.
Platusa rubia, solla, mendo limón. *Microstomus kitt*.

Hay muchos más tipos de platusas, pero aquí te voy a mostrar solo dos: la platusa rubia y la platusa negra (en otros lugares se conocen por otros nombres diferentes).

La platusa en general es un pescado blanco bastante presente y muy consumido en nuestro entorno. Los dos que te presento son pescados con carácter propio y muy diferentes de sabor.

Si no los has probado nunca, te diré, grosso modo, que la platusa rubia recuerda al lenguado (aunque habitualmente mucho más económica) y se le pueden dar los mismos usos que a este: a la plancha, a la *meunière*, etc. Más adelante encontrarás una receta de platusa rubia rebozada, esta preparación suele tener mucho éxito entre los peques de la casa.

La platusa negra, como puedes comprobar en las fotos, es muy parecida al rodaballo.

Tanto es así, que es difícil a veces distinguir un pescado del otro, tanto en el mostrador de la pescadería como en el plato.

Ambas platusas se pueden preparar de diferentes maneras: a la plancha, al horno, a la brasa, fritas o en papillote, bien en entero, en rodajas o fileteadas. Al ser de carne tersa admiten todo tipo de elaboraciones.

Platusa negra y rubia

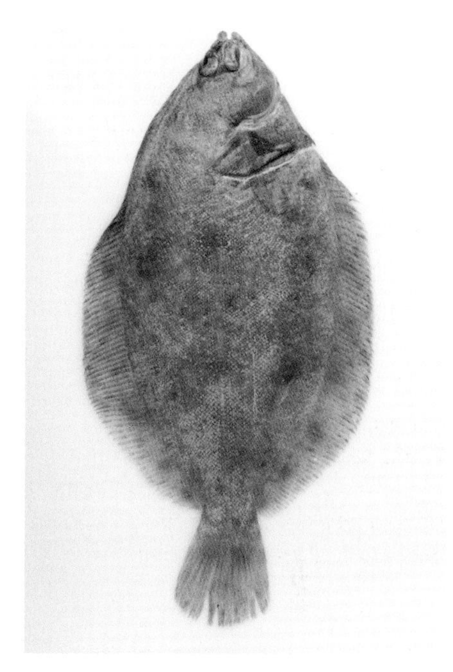

Platusa rubia

Platusa negra

Platusa rubia deslomado

RODABALLO

Scophthalmus máxima

El rodaballo es un pescado que siempre ha gozado de muy buena prensa, de carne recia, piel gelatinosa y muy agradable de comer. Lleva muchos años presente en las cartas de los mejores restaurantes. Es excelente a la brasa o al horno en entero, pero también está soberbio en lomos a la plancha o en una salsa *meunière*.

Antiguamente había mucha costumbre de cocinarlo en rodajas, con todos sus huesos, y en salsa verde.

Aunque parezca mentira el rodaballo es una especie que puede crecer mucho. Antes se veían más ejemplares grandes que ahora, incluso de más de 10 kg, que vendíamos a rodajas. Manjar de manjares.

Se trata de un pescado blanco, que no tiene escamas, con alto contenido en vitamina D, B12 y fósforo, y muy presente en la acuicultura. Hace décadas que se cría rodaballo en cautividad. Un rodaballo salvaje se puede distinguir fácilmente de uno de crianza en las protuberancias, a modo de piedritas, que posee en su piel oscura, que en el de piscifactoría y en la platusa negra no están presentes.

Como también es fácil confundir un rodaballo de esta última, he colocado las fotos de ambos pescados cerca para que los puedas apreciar bien. No es uno mejor que el otro, ni mucho menos. Los dos son pescados extraordinarios. Solo que son diferentes.

Si me preguntas, no sabría con cuál quedarme, las dos me encantan, lo que sí sé es que cualquiera de los dos lo cocinaría al horno con un refrito (receta que encontrarás más adelante), y empezaría por comerme la parte más rica, el bocado de la casa (*etxekoa*). Este término hace referencia a la carne que queda entre la fila de espinas exterior de los laterales y los lomos. Gelatinosa, jugosa y de excelente sabor, esta parte no se puede dejar enfriar, hay que comerla lo primero y, eso sí, con las manos, sin prisa y separando tranquilamente las espinas. Incluso las personas más reacias a chupar las espinas de los pescados sucumben a las virtudes de esos bocados. No te preocupes porque al final los dedos se te peguen unos a otros, se va con agua.

Y, por cierto, no se lo cuentes a nadie.

Rodaballo entero

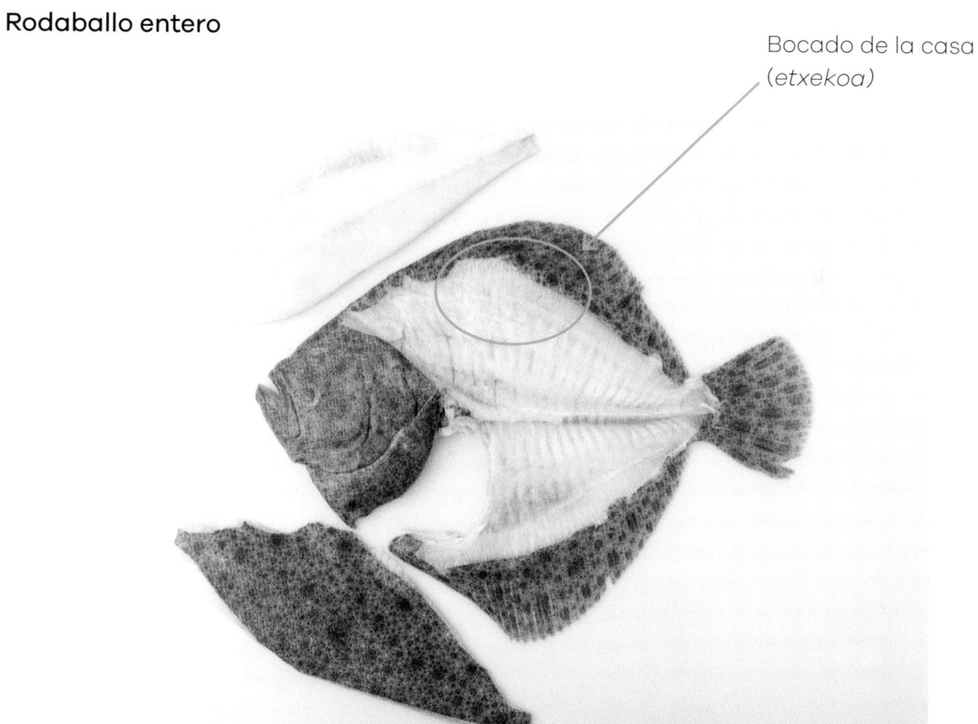

Rodaballo deslomado

RAPE

***Pixín, peixe*, sapo, rape blanco. *Lophius Piscatorius*.**
Rape negro. *Lophius Budegassa*.

¿Es lo mismo sapo que rape? SÍ, exactamente lo mismo.
¿Es lo mismo sapo blanco que sapo negro? NO, son dos subespecies diferentes de rapes. El sapo es un pescado de carne magra, firme, tersa (más o menos en función de las subespecies), sabrosa y con cierto sabor a marisco. Sin escamas y sin espinas. Es el pescado favorito de las personas amantes de los pescados con más tajada que espinas.

Se trata de un pez de profundidad, que tiende a camuflarse en el fondo arenoso para capturar a sus presas atrayéndolas con el señuelo que posee, a modo de caña, en medio de su cabeza. A juzgar por sus terribles y afilados dientes se trata de una especie carnívora, que gracias a la dimensión de su boca es capaz de ingerir presas de tamaño similar al suyo propio.

Los dos tipos de rape que verás habitualmente en las pescaderías son el rape blanco y el negro. La diferencia física entre ellos radica, como puedes apreciar en las fotografías, en el color negro o blanco de la piel que recubre sus vísceras.

Ambas especies tienden a perder líquido cuando se cocinan. Este líquido está lleno de minerales y sabor que ha de aprovecharse siempre; como por ejemplo en el asado al horno, que se liga con el refrito (te lo explico en la receta más adelante).

Generalmente, la pérdida de líquido es mayor en el rape blanco y por eso este suele cotizar más bajo que el negro en las lonjas.

Además de al horno o en salsas, puedes cocinar el rape a la brasa, en caldereta con arroz, en lomos y rebozado, frito en rodajas finas pasadas por pan rallado (¡me encanta así!), a la plancha o cocido con mayonesa. Cocido está tan rico que hay una receta popular denominada «rape alangostado», en la que, aprovechando su sabor a marisco, se cuece de tal modo que simula ser una langosta hervida.

A pesar de todo esto, en nuestro entorno no se ha consumido sapo hasta tiempos bien cercanos. Existen referencias que afirman que antiguamente se le consideraba como un pez no comestible y por eso se llamaba Pez Sapo o Sapo de Mar.

Hasta mediados del siglo XX el rape no llegó a las cocinas donostiarras. Fueron los catalanes exiliados en nuestras tierras durante la Guerra Civil española los que, al parecer, nos enseñaron que ese pez tenía mucho que ofrecernos, y a partir de entonces no ha abandonado el recetario vasco.

La verdad es que se trata de un pescado de lo más agradable. Es cierto que su proporción carne/hueso no es muy favorable, y que tiene merma; pero también es verdad que con sus huesos y despojos se elabora una sopa de las más ricas.

¿Te animas a comprobarlo?

Sapo

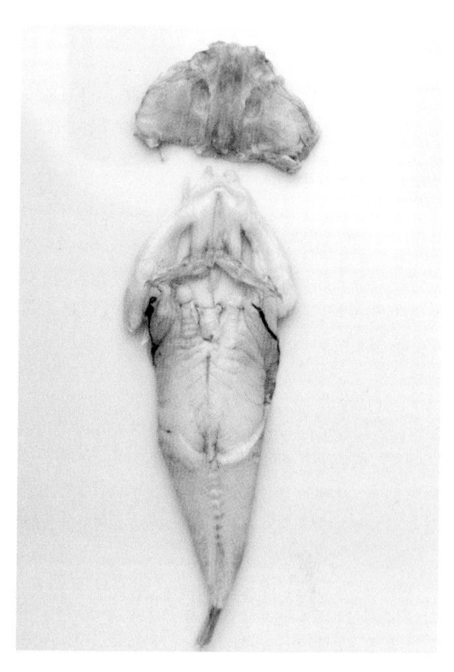

Sapo limpio y entero

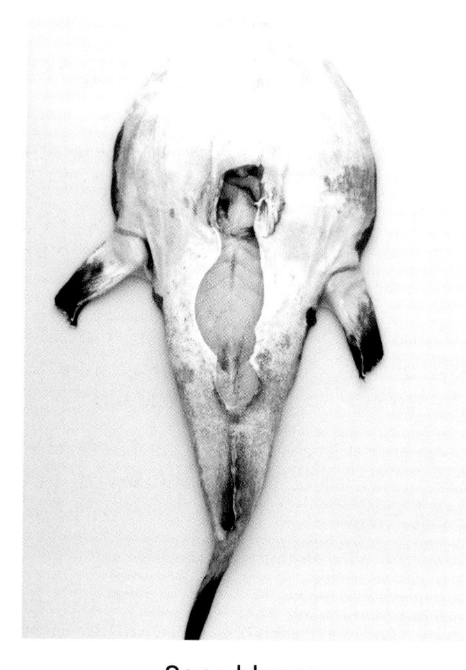

Sapo blanco

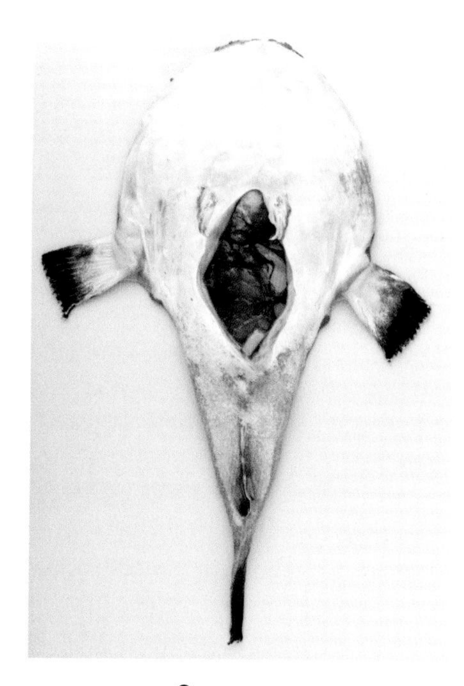

Sapo negro

CALAMAR Y SEPIA

Txipiron, chipirón, calamar. _Loligo vulgaris_.
Sepia, _txautxa_, jibia, choco. _Sepia officinalis_.

¿*Txipirones*, calamares o chipirones? Es lo mismo. El término *txipiron* proviene del euskera, nombre con el que siempre se ha denominado en el País Vasco a los calamares, de cualquier tamaño. Con el tiempo, este vocablo se ha ido extendiendo a la lengua castellana, por lo que, hoy en día, se utiliza en muchos lugares de España, ya sea escrito con grafía euskalduna o en su forma castellanizada *chipirón*, para nombrar al calamar. También es cierto que en determinados entornos con la palabra *chipirón* se hace referencia a los calamares de menor tamaño.

La sepia y el calamar en realidad no son pescados, son mariscos, de la familia de los moluscos cefalópodos. ¿Y qué hacen en un libro sobre pescado? Pues porque son tan importantes y están tan presentes en el día a día de nuestras pescaderías que no ponerlos sería como dejar a medio montar el mostrador. Visualmente, tanto vivas como recién capturadas son especies preciosas. Con una variada gama de colores en su piel y gráciles formas suaves y ligeras en sus alas. Son elegantes y hermosas.

Nutricionalmente son semejantes y con bajo contenido en grasas, que es menor aún en el caso de la sepia. El calamar es rico en vitamina B12, cobre y fósforo mientras que la sepia destaca por su alto contenido en selenio.

La carne de la sepia, de sabor algo más dulzón que la del calamar, es siempre más gruesa que la de este, independientemente del tamaño de cada pieza. Los usos en la cocina son similares para ambas especies, aunque hay preparaciones específicas de cada una. En este libro encontrarás recetas básicas de *txipiron*, que, como se indica, las puedes realizar también con sepia.

En la gastronomía vasca el *txipiron* tiene un lugar relevante, siendo uno de nuestros platos más característicos los *txipirones* en su tinta o los *txipirones* pelayo. Mientras que la sepia es uno de los pescados de referencia en toda la costa mediterránea y andaluza, donde además de aprovechar su cuerpo, se da buen uso de su casquería. Tanto sus huevas como su melsa despiertan un gran interés gastronómico. La melsa o salsa de la sepia es una bolsita marrón (en realidad es el bazo del animal) que se encuentra cerca de su tinta y que contiene en su interior un líquido viscoso que, agregado a las salsa o refritos, otorga al plato un grandísimo sabor a roca, a esencia de mar.

Respecto a la tinta de ambos cefalópodos cabe señalar que la de la sepia, por norma general, es de mayor tamaño que la del calamar y mucho más brillante. La tinta del calamar es mate. Normalmente la sepia suele ser más económica que el calamar, pero esto depende de la época del año y del número de capturas; como siempre, en el mundo del pescado impera la ley de la oferta y la demanda. Yo creo que ambos moluscos, con sus diferencias, son extraordinarios.

Txipiron

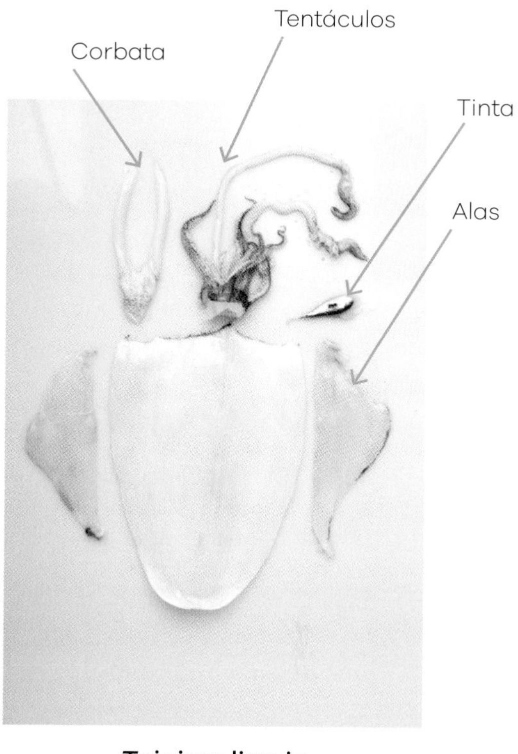

Txipiron limpio

Sepia

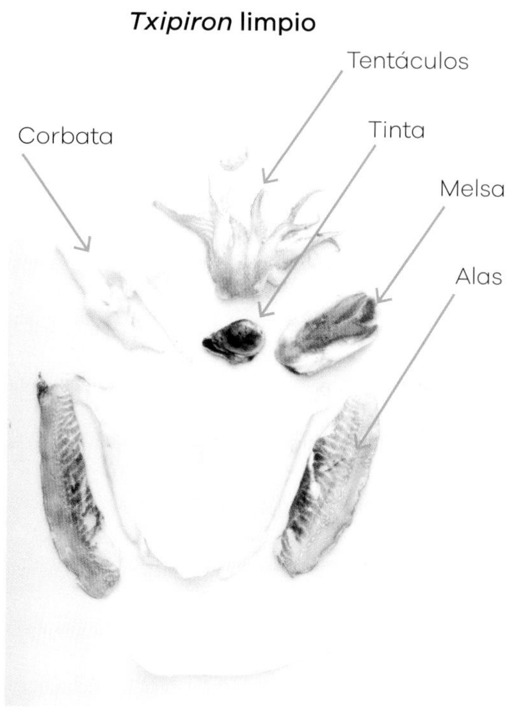

Sepia limpia

LUBINA

Dicentrarchus labrax

La lubina, al igual que la corvina, en el Cantábrico es un pescado de invierno. En esa época, en las pescaderías la encontrarás de todos los tamaños y a los mejores precios, ya que los barcos de altura la capturan en abundancia. Por ese motivo se ha convertido en muchos hogares en el pescado de los menús navideños, sustituyendo al tradicional besugo, a día de hoy tan inalcanzable para muchos bolsillos.

Me encanta que sea así, porque al final se trata de hacer uso de lo que la naturaleza nos ofrece y de consumirlo, además, en su mejor momento.

El resto del año también podemos disponer de lubinas salvajes, aunque en menor cantidad y, la lubina de piscifactoría, no obstante, está casi siempre disponible en nuestros mercados.

La lubina es un pescado blanco muy magro y rico en fósforo y selenio, y en vitaminas del grupo B, en especial es fuente importante de vitamina B12.

Su carne es blanca, brillante y jugosa, y al alimentarse de pequeños crustáceos y moluscos, adopta de ellos el sabor fino a mar y a marisco que la caracteriza.

En las fotos la puedes ver entera, para que puedas distinguir cómo es, y en lomos, para que aprecies el color de su carne.

La lubina lleva pocos años en la cúspide de la gastronomía vasca, hasta los años 70 del siglo pasado era un pescado que despertaba poco interés culinario y estaba ausente en cartas, restaurantes o tratados de gastronomía. Hasta que en 1976, el gran Pedro Subijana la sacó del anonimato con su aclamada creación «lubina a la pimienta verde». Con este plato, la fama del cocinero traspasó fronteras y el pescado adquirió el lugar que aún tiene en nuestra cocina.

Es un pescado tan jugoso y rico que no necesita mucho para estar espléndido. Más adelante te explico cómo cocinar el pescado al horno de manera fácil y sencilla, anímate con la lubina. Merece la pena.

Además, por las características de su carne es candidata ideal para preparaciones en crudo. Entre las recetas de este libro encontrarás cómo elaborar de forma muy sencilla un ceviche de lubina, espero que también te guste.

On egin.

Lubina entera

Lubina deslomada

GALLINETA Y *KABRATXO*

Kraba. Helicolenus dactylopterus.
Krabarroka. Scorpaenaporcus.

Estos dos pescados blancos se parecen por fuera, se llaman de forma similar, se les pueden dar los mismos usos en la cocina, e, incluso, disponen los dos de largas y afiladas espinas a modo de agujas; pero son especies diferentes.

La *kraba*, la de color más anaranjado, es la más abundante en nuestras costas, por ese motivo, generalmente, suele cotizar más económica en lonja. Su carne es blanca y firme, y su sabor suave a la vez que profundo, mientras que el de la krabarroka es aún más intenso, más a mar.

Generalmente la kraba alcanza mayor tamaño que la *krabarroka*, aunque en ambos casos es difícil encontrar ejemplares de más de kilo y medio.

Las *krabarrokas* tienen la capacidad de mimetizarse con el medio en el que se encuentran, por eso, que no te extrañe encontrarlas en las pescaderías de diferentes colores: desde el rojo-granate de la fotografía hasta el marrón, granate oscuro o verdoso. En cualquier caso, ¡ojo al tocarlas!, poseen en sus espinas una sustancia irritante que provoca que los pinchazos sean francamente dolorosos.

Ambos pescados se han comido siempre en rica salsa verde, con patatas o sin ellas y a rodajas, como se estilaba antes comer el pescado. Hoy en día, como ves en las fotografías, las preparamos también de otras maneras: abiertas como un libro, dispuestas a caer sobre una plancha, horno o brasa; y también en lomos. En cualquiera de los dos casos recuerda guardar las espinas y las cabezas, pues con ellas elaborarás sopas, fumets y fondos cuyo sabor te resultará difícil de olvidar.

La *krabarroka*, altamente apreciada por su exótico sabor a pescado de roca y por su carne recia, debe su fama a uno de los cocineros más grandes de la cocina vasca, y padre de la prologuista de este libro, Juan Mari Arzak.

Como bien explica Rafael García Santos en su obra *La cocina vasca de ayer, hoy y mañana* (27), Juan Mari tuvo la genialidad, allá por 1971, de elaborar el cotidiano pastel de merluza de toda la vida con este espinoso pescado. Después de pruebas y pruebas instauró uno de los platos más emblemáticos de su restaurante e icono de la nueva cocina vasca, el pastel de *krabarroka*.

Desde entonces no ha habido cocina donostiarra donde no se haya cocinado el pastel de pescado al estilo Arzak, cada casa a su manera.

Entre las recetas de este libro encontrarás una de pastel de pescado, sencilla y fácil, la que se ha hecho toda la vida en mi casa. Si te quieres adentrar en el mundo de los pasteles de pescado puedes empezar por ahí, y luego ya irás versionando todo lo que quieras. Y, si realmente deseas probar el pastel de krabarroka por excelencia, ya sabes a dónde tienes que acudir.

Kraba y *krabarroka*

Kraba abierta en libro

Kraba deslomada

Krabarroka abierta en libro

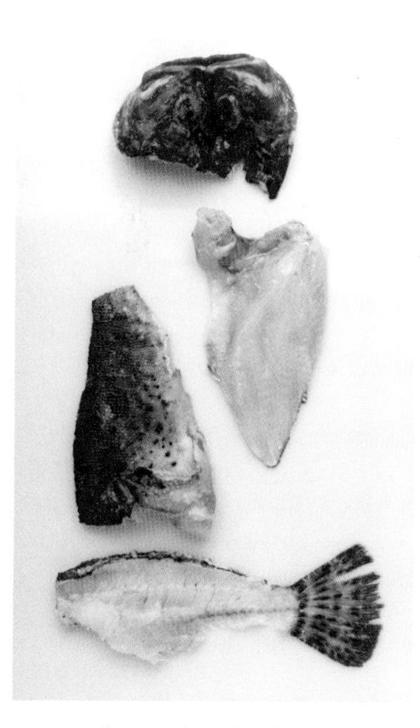

Krabarroka deslomada

SABIRÓN

Pez araña, faneca brava, salvario. *Trachinus Draco.*

¿Te has fijado alguna vez en la piel de este precioso animal? Es todo un festival de tonos y colores digno de desfilar en la semana de la moda de París. Toda una maravilla de la naturaleza.

El sabirón es un pescado pequeño, no porque se suelan pescar las crías, ya sabes, «pezqueñines no, gracias», sino porque no crecen más; es muy raro observar ejemplares mayores de medio kilo. Pero parece ser que su pequeño tamaño no ha sido nunca sinónimo de indefensión. El sabirón, para protegerse, posee en su aleta dorsal un veneno tóxico que no duda en inocular si se ve amenazado. Este veneno se mantiene activo incluso cuando el animal está sin vida, por eso, todas las personas que trabajamos en el mundo del pescado tenemos muy claro el cuidado con el que tenemos que manejar esta especie.

Las picaduras de sabirón han sido, tradicionalmente, una de las asistencias más habituales de los socorristas de playa en época estival. Este pez se oculta bajo la arena y se mimetiza con ella a través de los colores de su piel. Ahí es capaz de permanecer mucho tiempo sin moverse, con su aleta dorsal lista para la defensa.

Normalmente las picaduras de sabirón se producen por accidente, ya que el bañista pisa sin querer al animal y recibe el doloroso pinchazo. El veneno es termolábil, es decir, que se inactiva con el calor. Así que el tratamiento inicial es introducir, lo antes posible, la parte afectada por la picadura en agua muy caliente, a unos 43 grados centígrados de temperatura, durante entre 30 y 90 minutos. Y después, si fuera necesario, acudir al centro de salud.

Pero ¡qué nadie se desanime! El tóxico no va más allá, se queda en las afiladas espinas de su aleta dorsal; así que una vez retirada esta, podemos dar buena cuenta a un pescado que hace las delicias de niños y mayores. Yo diría que es el pescado por excelencia para la niñez. ¡A todos les encanta! No sabemos por qué motivo, pero siempre triunfa.

La mayor parte de los sabirones que vendemos en la pescadería se preparan fileteados, aunque aún hay gente mayor que nos los pide enteros, sin la espina dorsal, por supuesto, pero son lo mínimos. Curiosamente el sabirón es un pescado cuyo sabor cambia mucho cuando se come entero o fileteado. En entero su sabor es mucho más intenso y fuerte, y en filetes se suaviza notablemente.

La manera más popular y tradicional de prepararlo es en filetes y pasado por pan rallado. Y luego, la receta se puede tunear hasta donde la imaginación te alcance: freírlo en tempura, en maíz tostado, en harina de garbanzo, o marinarlo previamente con especias.

Los filetes de sabirón ya empanados sepueden introducir en una cazuela de tomate, a la que puedes añadir, si te gusta, un poco de picante. En la receta de «Churritos de sabirón» encontrarás un truco para freirlos.

En esta espina es donde se encuentra el veneno del sabirón

Sabirón

Otras sugerencias para su consumo: marinado en crudo, como la *antxoa,* en cuyo caso te aconsejo quitarle la piel, o en un pudin o sopa de pescado, a los que va a aportar mucho sabor.

Sabirón deslomado

SALMÓN

Salmo salar

Mi abuela nunca llegó a vender salmón en nuestra pescadería. En aquel entonces el salmón que había era salvaje, se pescaba en los ríos más cercanos, y estaba destinado exclusivamente para las pescaderías y restaurantes de postín. El del río Bidasoa gozaba de muy buena fama entre los sibaritas.

Luego ya, sobre los años ochenta, fue apareciendo en nuestros mercados el salmón que conocemos, consumimos y comercializamos ahora, el de piscifactoría.

Al salmón le costó mucho conquistar nuestros paladares poco habituados a especies tan grasas y de sabor tan intenso. Las recomendaciones médicas de consumirlo, para prevenir problemas cardiovasculares especialmente a personas con índices de colesterol y triglicéridos altos, hicieron el resto. Y el salmón fue entrando poco a poco en nuestros hogares y restaurantes.

Hoy en día aún hay personas, principalmente de cierta edad y también gente de mar, que no lo han probado nunca, o tras hacerlo una vez no quieren repetir. Les resulta un pescado nuevo, muy fuerte y, además, es de piscifactoría (con la connotación negativa que puede tener esto para comunidades que han vivido toda su vida de la mar). Sin embargo, entre la población más joven el salmón goza de muy buena prensa gracias, probablemente, a las preparaciones en crudo tan en auge en estos tiempos, influjo de cocinas internacionales. También puede deberse a que el salmón se presenta muchas veces totalmente desespinado.

Dedicada a generaciones más jóvenes, puedes encontrar en el recetario una ensalada take away con salmón, que te puedes animar a preparar tengas la edad que tengas. El salmón que se vende a diario en las pescaderías es de piscifactoría. El salvaje es muy escaso en nuestro entorno. Aunque hay ríos en procesos de repoblación, su pesca está muy controlada, y los pocos ejemplares que se subastan en las lonjas lo hacen a precios altísimos, superando en diez o más veces el precio del salmón de piscifactoría. Si un día tienes ocasión de catar el salmón salvaje, hazlo sin duda. Te va a sorprender.

Sé, porque lo escucho muchas veces en la pescadería, que hay personas que consumen el salmón por militancia: «Ponme salmón, que no me gusta, pero me ha mandado mi médico de cabecera que lo coma». Si a ti también te ocurre, no te preocupes ni sufras más, pues el salmón no es el único pescado que posee ácidos grasos como el omega 3, tan importantes para controlar los niveles de colesterol.

Según los últimos datos ofrecidos por el Ministerio de Agricultura, Pesca y Alimentación, la sardina, la *antxoa* y el verdel poseen más ácidos grasos omega 3 que el salmón (1). Así que, a quien le guste el salmón y disfrute con él, que lo coma.

Pero si no es de tu agrado, no lo consumas por obligación. Puedes sustituirlo por estos pequeños pescados de nuestras costas que tanto cuidarán de tu salud.

Salmón rodaja

Salmón tacos

CARCAJAL

Corva, verrugato o berruguete. *Sciaena umbra.*

El Comité Científico de la Agencia Española de Seguridad Alimentaria y Nutrición (AESAN), en las recomendaciones dietéticas sobre consumo de pescado(4), anima a consumir variedades no habituales.

El carcajal puede ser una de ellas. Común y habitual en nuestras costas, pero no tanto en nuestros platos, este pescado blanco, de fino sabor y textura recuerda un poco a la corvina en el paladar y en las vetas rojas que aparecen en su carne al ser deslomado.

Quizás por ese motivo es apto para degustar en presentaciones en crudo, tipo ceviche, aunque también está muy rico al horno, a la plancha o a la parrilla.

No suele alcanzar grandes tamaños y se alimenta de pequeños crustáceos y moluscos.

En las recetas de este libro te lo presento a la plancha en un plato denominado «el completo».

Te animo a que consumas este tipo de pescado, frecuente en nuestras costas y, habitualmente, amable para nuestros bolsillos.

Carcajal

Carcajal deslomado

CONGRIO

Conger conger

Aunque no llega a ser un pescado calificado como de consumo poco habitual, el congrio ha caído en desuso en nuestras cocinas respecto a épocas pasadas, probablemente desplazado por la abundancia de otras especies más populares, como la merluza. Pescado blanco de carnes recias y piel gruesa destaca, curiosamente, por su alto contenido en vitaminas A y D, en cantidad claramente superior al del resto de los pescados habituales.

Cabe señalar del congrio la peculiaridad de que su alargado cuerpo, similar al de una anguila, dispone de diferente concentración de espinas en una zona u otra.

- De la cola hasta la mitad de su cuerpo (lo que comúnmente llamamos «congrio cerrado») la cantidad de espinas es tal que es prácticamente imposible degustar de su carne. Por esta razón esta parte se ha usado tradicionalmente para la elaboración de sopas y caldos, a los que aporta un sabor y textura muy especial.
- La otra fracción, desde la cabeza hasta la mitad del animal («congrio abierto»), se considera la parte más noble del pescado, hallando en ella menor cantidad de espinas. Es la idónea para consumir en cualquier receta que se desee.

En las fotografías puedes observar una rodaja de la zona «abierta» (noble) y otra de la zona «cerrada» (espinosa). Naturalmente, las dos partes se venden a precios muy diferentes en las pescaderías.

El congrio es un pescado muy enraizado en la tradición culinaria en tierras del interior de la península ibérica. Desde la Edad Media, en tiempos donde el transporte de pescado fresco era muy complicado, el congrio seco era uno de los pocos pescados que llegaba a Aragón y a Castilla, y sus habitantes lo empleaban para la elaboración de suculentos platos como «el congrio con garbanzos» (28).

Hoy en día, y probablemente por aquellos orígenes, sigue siendo un pescado especialmente apreciado en tierras castellanas. En la zona de Palencia, a mediados del siglo pasado, el pueblo acostumbraba a consumirlo también frito y con pimentón, aunque la manera más habitual de cocinarlo es en rodajas en salsa verde. Debido al gran aporte de colágeno de su piel, las salsas realizadas con este pescado resultan especialmente gorditas y contundentes.

Quizás no lo hayas probado nunca, anímate, solo así podrás saber si te gusta.

En el recetario de este libro encontrarás una manera muy sencilla de cocinar congrio en salsa verde.

(Ya sé lo que estás pensando...no te preocupes que ¡sí!, que también te lo podemos preparar en lomos y sin espinas).

Congrio

Congrio. Rodaja abierta y rodaja cerrada

LOTXA

Bertorella, brótola de fango. *Phycis blennioides*.

La *lotxa* es un pescado blanco, pero que muy blanco. Se trata de la especie con menor índice de grasa de la que se tiene constancia en nuestras latitudes (0,1 g de grasa por 100 g) (1).

Esto hace que sea un pescado de fácil digestión, especialmente recomendado para estómagos delicados. Además, la textura de su carne es muy suave y ligera, lo que la hace apta para personas con dentición o masticación comprometida, como las personas mayores o de edades tempranas.

Su piel es muy fina y tiende a encogerse al cocinarla. Ten esto en cuenta, y pon primero sobre el fuego el lado que no tiene piel para evitar, en lo posible, el encogimiento.

Además, debido a que se alimenta principalmente de pequeños crustáceos, posee un suave y característico sabor a marisco.

Si no la has probado nunca, has de hacerlo, te va a sorprender.

Al ser un pescado tan suave hay que tener cuidado al cocinarlo porque si se le aplican modos agresivos como una plancha caliente o una brasa puede que su carne se vea dañada. Sin embargo, en el horno o en una suave salsa responde a las mil maravillas.

Si la vas a freír, hazla mejor envuelta en un rebozo protector como huevo batido y harina; conservará su integridad y quedará muy jugosa.

Debido a su sabor tan especial, el pudin de pescado elaborado con *lotxa* resulta muy suave y sabroso; y la sopa guisada con sus espinas y cabezas parece estar hecha de gambas.

Yo te la recomiendo al vapor, en una rica salsa verde, rebozada, al horno, en papillote y ¡en bocadillo!

Por si no te habías dado cuenta aún, te diré que es mi pescado favorito.

Lotxa

Lotxa deslomada

FANECA

Paneca, niña, palenca. *Tripsopterus luscus.*

«No, no me pongas faneca, que no me gusta. Me la daban de pequeña cuando estaba enferma». Esa frase la oímos a menudo detrás del mostrador de la pescadería. Sobre todo, lo comentan personas de cierta edad y que han vivido cerca de la costa, ya que la faneca hervida se utilizaba, décadas atrás, para dar de comer a convalecientes y personas enfermas por ser un pescado suave y de muy fácil digestión.

Rica en vitamina B12, B3, fósforo y omega 3, la faneca es un pescado relativamente pequeño, rara vez alcanza el kilo de peso, fino de sabor, delicado de textura y fácil de masticar incluso con piel, porque la tiene tan fina que ni se nota en el plato.

En el Cantábrico la podemos considerar como uno de los pescados nuestros de cada día por su, normalmente, módico precio y su abundancia en nuestras lonjas.

Guardada en filetes en el congelador, es el ideal «fondo de armario» que te puede sacar de apuros para preparar una improvisada cena de fundamento.

Además, se puede consumir de muchas maneras: frita con ajos, a la plancha, horneada, sobre cama de verduras, al vapor, hervida, rebozada en huevo, empanada (con pan rallado, ajo y perejil), en salsa verde (el fumet se puede hacer con sus propias cabezas y espinas), con acompañamiento de patatas y guisantes, sobre una cama de tomate aromatizado, o en un suculento bocadillo con lechuga fresca y mayonesa casera.

¡Anímate a darle una oportunidad!

Faneca

Faneca deslomada

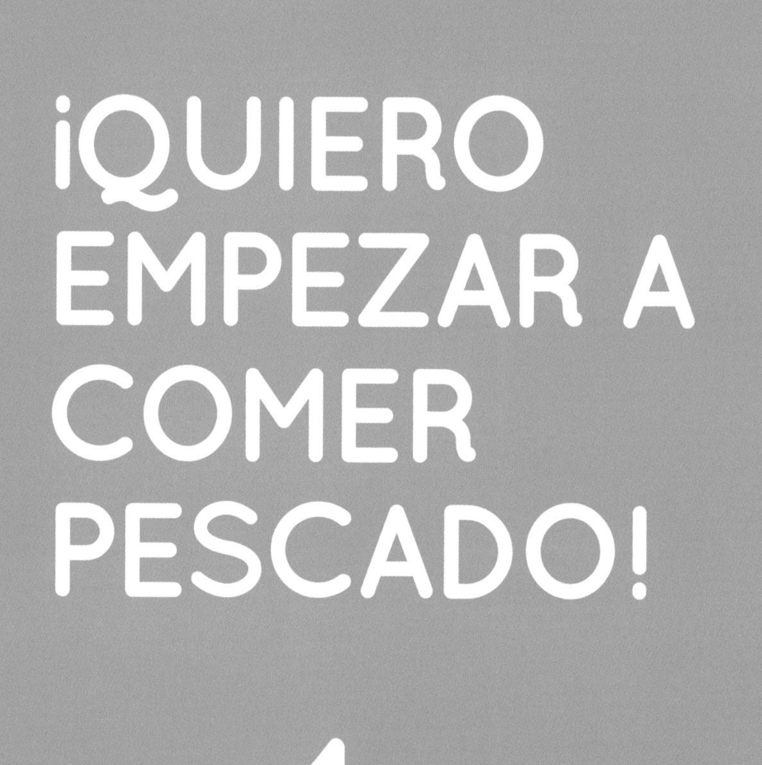

¡QUIERO EMPEZAR A COMER PESCADO!

4

4. ¡Quiero empezar a comer pescado!

Uno de los objetivos de este libro es ayudarte a conseguir, si tú lo deseas, que el pescado sea habitual en tu dieta y no algo reservado para los domingos u ocasiones especiales.

Vamos a empezar desde cero, así que, si has decidido incluir el pescado en tu dieta y no sabes cómo, esta es tu sección.

Si ya lo consumes habitualmente, te la puedes saltar, aunque te invito a leerla.

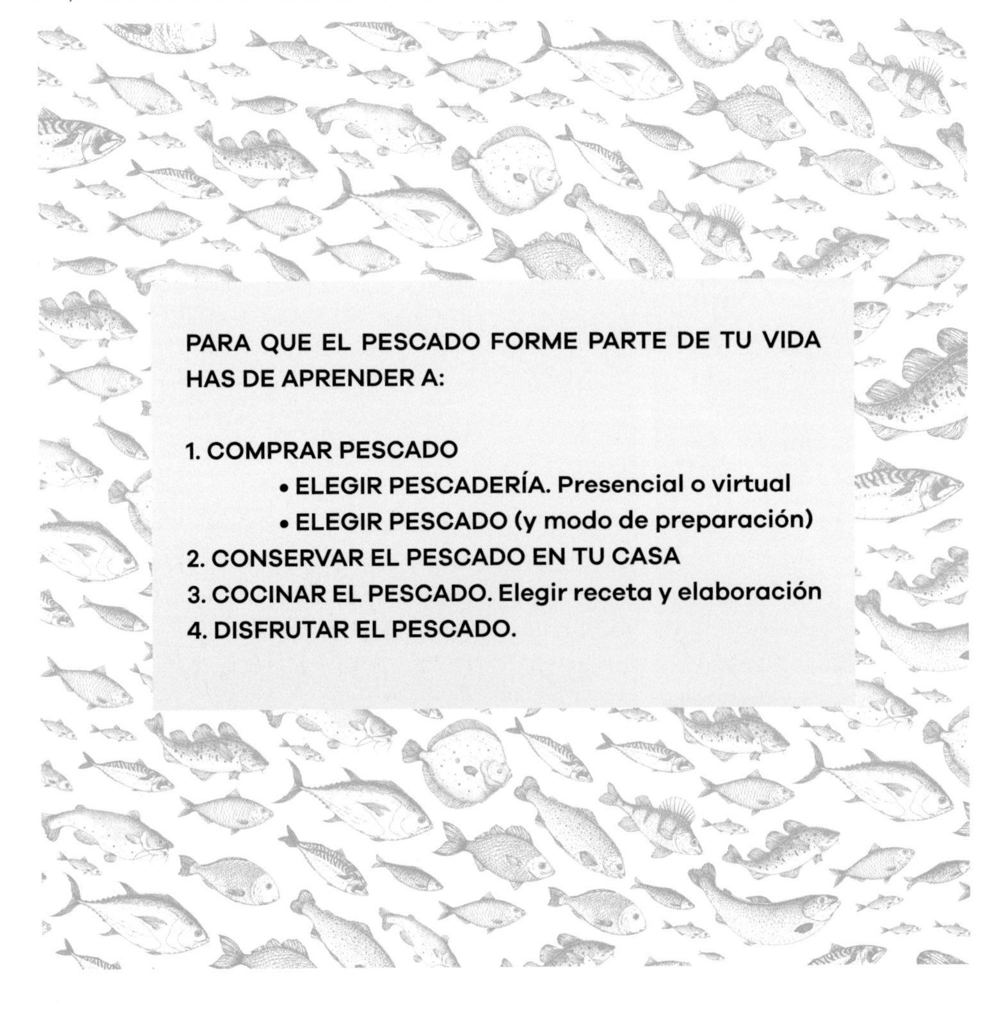

PARA QUE EL PESCADO FORME PARTE DE TU VIDA HAS DE APRENDER A:

1. COMPRAR PESCADO
- **ELEGIR PESCADERÍA. Presencial o virtual**
- **ELEGIR PESCADO (y modo de preparación)**

2. CONSERVAR EL PESCADO EN TU CASA
3. COCINAR EL PESCADO. Elegir receta y elaboración
4. DISFRUTAR EL PESCADO.

1. COMPRAR PESCADO: ELEGIR PESCADERÍA Y ELEGIR PESCADO

Puede que te preguntes: ¿y cómo compro yo pescado, si nunca lo he hecho?, ¿cuándo lo compro si para cuando salgo de trabajar todo está cerrado?, ¿dónde lo compro si en mi barrio no hay pescaderías?... ¡No tengo ni idea de pescado!

No te preocupes, para todo hay solución, vamos por partes.

1.1 ELIGE TU PESCADERÍA. FÍSICA O VIRTUAL

Es lo primero que tienes que hacer, elegir el establecimiento donde vas a adquirir tu pescadito.

Al principio quizás sea un poco de lío, pero en cuanto encuentres a tu «pescatera o pescatero de cabecera»[5] todo será mucho más fácil.

Lo primero que tienes que decidir es si quieres hacer la compra de forma presencial o si prefieres hacerla *online*, desde casa.

Pescadería física. Compra presencial

Desde nuestra experiencia sabemos que el tú a tú enriquece siempre todo tipo de relaciones, así que, si tus horarios y estilo de vida te lo permiten, no dudes en hacer tu compra presencial.

Date una vuelta por tu barrio y busca dónde puedes adquirir pescado. Entra, observa y pregunta sin miedo. Si te está gustando lo que ves, comenta al profesional que te encuentres tu intención de poder empezar a consumir pescado y escucha sus propuestas respecto a flexibilidad de horarios, productos, servicio a domicilio, puntos de entrega... quizás te sorprendas de todo lo que las pescaderías tenemos para ofrecerte.

[5] A lo largo de todo el texto me voy a referir indistintamente a pescateros o pescateras, tanto en género masculino o femenino. Tradicionalmente en San Sebastián la mayoría de las pescaderías eran regentadas por mujeres, hoy en día somos un sector mixto.
En el equipo de mi pescadería somos mayoritariamente mujeres, por ese motivo verás que muchas veces me refiero a nosotras cuando hablo de mi negocio.
Respecto al término pescatero o pescatera es la manera local que empleamos para referirnos a pescadero o pescadera. Así que utilizaré también las dos palabras indistintamente.

Si te gusta, anímate y haz tu primer pedido. Poco a poco la pescadera irá conociendo tus gustos y preferencias y tú irás aprendiendo a pedir lo que necesites. Y os entenderéis.

Si no te está ofreciendo lo que buscabas investiga más opciones hasta que encuentres la que te satisfaga.

Pescadería virtual. Compra *online*

Pero si tus horarios, la vida que llevas o la zona geográfica donde vives no te permiten acceder a una pescadería abierta que te guste, no te preocupes, las pescaderías nos hacemos conscientes de ello, y en eso también hemos avanzado.

Pon en tu buscador «**PESCADERÍA *ONLINE***» y vas a encontrar opciones de pescaderías a domicilio a las que recurrir.

El primer día tendrás que dedicarle un rato, pero una vez hecha la elección ya será todo más sencillo.

Hoy en día, muchas pescaderías somos pescaderías físicas y virtuales a la vez.

En tu búsqueda, encontrarás pescaderías con **tienda *online*** al uso. Donde podrás adquirir productos y lotes con pesos y precios fijos.

Y verás otras que también te ofrecen la posibilidad de comprar a través de su **mostrador virtual**.

En la primera, la compra se realiza de igual manera que en cualquier tienda *online*.

En la segunda, la experiencia de compra es muy diferente, nuestra clientela nos comenta que es como estar en la pescadería.

La pescadera hace un vídeo de su mostrador físico y lo pone a tu disposición en su página web a diario. Así tú puedes, desde tu casa, ver qué hay en la pescadería ese día y comprar lo que desees, la cantidad que necesites y preparado como tú lo indiques.

El vídeo suele ser corto, ilustrativo e inspirador para quien lo recibe, ya que le aporta ideas y conocimientos acerca del pescado. Y aunque no está físicamente en la pescadería tiene a su disposición todo el variado mostrador y a una profesional del sector explicando cada producto. Esto es muy valorado por esa parte de la clientela que no puede acercarse al mercado y gusta de ver el producto.

En esta modalidad de compra el pedido se realiza vía WhatsApp o vía telefónica.

Así como la resolución de dudas y comentarios. Se trata, a pesar de la distancia, de una atención muy personalizada.

Es la mejor opción si te gusta probar de todo, ya que puedes acceder a la gran variedad de productos que dispone la pescadería ese día y a las cantidades que desees. Y no tienes que ceñirte a los productos o a las cantidades fijas que te propone la tienda *online*.

Sin embargo, la tienda *online* tiene la ventaja de que puedes realizar tu pedido a cualquier hora del día y en dos *clicks*.

Cada forma de compra tiene sus pros y sus contras, solo tienes que buscar la que mejor se adapte a tus necesidades.

Respecto a la calidad y frescura de los productos puedes estar tranquilo.

Por norma general, y a pesar de lo que se pueda creer, el nuestro es un gremio de gente honesta que luchamos por sacar nuestro negocio adelante buscando la satisfacción de nuestra clientela. ¡Esa es nuestra razón de ser!

Intentamos dar siempre buen servicio y buen género, y si lo procuramos hacer así con nuestra clientela presencial, ¿cómo no lo vamos a hacer con nuestra clientela virtual que solo ha visto nuestro género en la pantalla y confía plenamente en nosotras? Pues mucho más.

Así que mi recomendación es que te dejes asesorar y que confíes.

Por supuesto que si algo que has recibido no es de tu agrado, o no ha llegado en las condiciones que consideras adecuadas, has de comunicarlo.

Estamos deseosas de saber que todo ha llegado perfecto y que te ha gustado, pero si no ha sido así, buscaremos el motivo y trataremos de solucionarlo y compensarte.

Nos satisface saber que tú estás contento, aunque no te conozcamos físicamente y solo sepamos tu nombre.

En toda compra *online* con transporte en frío, te vas a encontrar con que al precio del producto has de añadir los inevitables gastos de envío. Necesaria y pesadamente obligatorios.

A ningún comerciante nos gusta cobrar por este servicio, pero es absolutamente inviable no hacerlo. Al final se trata de una empresa externa que nos da un servicio y que cobra por él.

Has de valorar si te compensa. Intenta calcular lo que te costaría en tiempo personal y en dinero acudir a una pescadería a adquirir ese mismo pescado fresco. Es un cálculo que solo tendrás que hacer una vez y te dejará claro qué te interesa más.

A veces, cuando nos paramos a reflexionar acerca de este punto nos sorprendemos. Quizás abonar los gastos de envío sea tu manera más económica de acceder a ese pescado fresco, o la única... O quizá no.

En cualquier caso, saberlo te ayudará mucho en tu decisión.

Así que si esta va a ser tu vía para comprar tu pescado no lo dudes, entra en la red, mira, salsea, pregunta y anímate a tu primer pedido.

1.2. ELIGE TU PESCADO Y CÓMO LO QUIERES PREPARADO

A la hora de elegir un pescado en el mostrador de una pescadería hay que tener en cuenta una serie de criterios:

- **Precio.** Mi presupuesto. Promociones interesantes. Ofertas.
- **Temporalidad.** ¿Qué producto está ahora de temporada? Pregúntalo a la pro-

fesional que te atiende y no tengas vergüenza de no saberlo; no se puede saber de todo en esta vida. Estamos encantados de contártelo.

• Usos. En función de cómo tengas intención de cocinar tu pescado te quedará mejor una especie u otra. Aquí también, déjate asesorar.

• Frescura. Lo que te dé al ojo, lo que esté más fresco. Eso no quiere decir siempre lo más caro. También consúltalo. La frescura del pescado merece una explicación un poco más pausada y vamos a empezar por ella.

Me encantaría poder darte aquí unas herramientas certeras para que cuando vayas a una pescadería puedas distinguir el **pescado fresco** del que no lo es tanto, pero va a ser imposible. El arte de la frescura del pescado no es una ciencia matemática.

Existen unos indicadores que nos pueden revelar el mayor o menor grado de frescura, pero no siempre funcionan con exactitud.

Por ejemplo, uno de ellos es el brillo de la escama y la integridad de la piel, pero si un pescado no tiene brillo o no tiene escamas no quiere decir que no sea fresco. En función del arte de pesca utilizado en su captura un pescado puede perder la escama y quedar opaco y no por ello no ser fresco. Y como este, mil ejemplos más.

Por eso digo que no es fácil enumerar parámetros exactos a la hora de determinar la frescura de una pieza.

Cuando vayas a la pescadería, fíjate, entre otras cosas, que en el local huela bien. Claro que tiene que oler a pescado, pero a pescado fresco, y el pescado fresco huele bien. Eso será sinónimo de frescura del pescado y de higiene en el establecimiento. Observa también que el pescado esté expuesto sobre hielo que garantice una temperatura adecuada para su conservación. Y que las personas que atienden tras el mostrador transmitan también esa imagen de limpieza y aseo.

Fíjate en el brillo del pescado, que se vea firme, cada pieza o especie con su color particular, pero con colores vivos en general, si los cortes ya están hechos fíjate que no se vean muy oxidados (ojo porque hay pescados que aun siendo muy frescos se oxidan al poco de cortarse) y que en general el pescado presente humedad, que no se vea seco.

Todo eso te va a decir mucho acerca del pescado que tienes delante, pero, una vez más, y al igual que aconseja el gran Harold McGee (29) en su libro *La cocina y los alimentos*, mi propuesta es la de siempre: que preguntes a tu pescadero de cabecera.

Si ves algo que te dé al ojo, que te llame la atención, que te apetezca o te parezca fresco pide al profesional a tu disposición información acerca de ese pescado.

Las pescaderas conocemos nuestro pescado y estamos encantadas de contártelo. Estos criterios no tienen un orden de importancia, se va a tratar de la importancia que tú les des en cada ocasión.

Por ejemplo, si necesitas un pescado para el horno, lo primero que pensarás es qué pescados te valen para ese uso, y luego, de entre todos, elegirás por los demás criterios: precio, temporalidad y frescura.

En cuanto a la limpieza o preparación, una vez que ya hayas elegido la especie que vas a comprar, la pescatera te preguntará cómo quieres que te lo prepare. Si tienes duda de cómo se puede limpiar pregúntale; ella te ofrecerá opciones.

En el capítulo anterior puedes observar modos de fileteado de algunos pescados, aunque hay muchas más formas de prepararlos.

En cualquier caso, yo te diría que SIEMPRE preguntes y te dejes asesorar por el profesional que te atienda. Tu pescatera es la que mejor te va a explicar los productos que están en temporada, los que mejor están de precio, la frescura de las especies o el pescado que mejor se va a adaptar a una receta u otra.

Ya sea en tu compra física, o en la virtual siempre consulta al profesional.

Y con la información que te den, decide tu compra.

Ya sea en tu compra física o virtual siempre consulta al profesional.

2. CONSERVAR EL PESCADO EN TU CASA: REFRIGERACIÓN Y CONGELACIÓN

Una vez que ya tienes el pescado en tu casa ahora has de guardarlo bien.
Si lo vas a consumir en **dos días**, lo refrigeras en el frigorífico, pero si no tienes claro que lo vayas a consumir en esos días es mejor que lo congeles.

Refrigeración en frigorífico

El pescado fresco, para su mejor conservación necesita estar **limpio**, **húmedo** y **frío**.

El motivo de **limpiar** el pescado es barrer los restos orgánicos como sangre y vísceras y, además, eliminar las bacterias que pueda tener en su superficie para así prolongar su conservación en el tiempo (8).

Si has pedido en la pescadería tu pescado ya fileteado no es necesario que lo limpies para guardarlo. Simplemente asegúrate de que no tiene agua residual ni suciedades en el envoltorio, en cuyo caso las retiras. Y guárdalo en el frigorífico en ese mismo envoltorio limpio.

Si has pedido tu pescado limpio y entero como, por ejemplo, el caso de unas anchoas, o una lubina, conviene lavarlo antes de guardarlo.

Lo ideal es hacerlo en agua muy fría, salada y de manera breve. Cuanto menos se manosee el pescado, mejor.

Llena un recipiente con agua muy fría, o con hielos y le echas sal, simulando la salinidad del agua de mar (unos 3,5 gramos por 100 mililitros, o que al probarla te sepa a agua de mar). Y ahí, limpias tu pescado. También puedes sumergir en esa agua un trapo y limpiarlo con él sin sumergirlo. Recuerda que después de lavarlo conviene escurrirlo bien y secarlo levemente con un paño, para evitar charcos de agua en el envoltorio.

Para conservar la **humedad** del pescado y que no se reseque, envuélvelo en el papel de la pescadería limpio y húmedo y/o en un trapo humedecido en esa agua (solo mojado, sin que gotee).

Los papeles que usamos en las pescaderías son especiales para estos usos, en muchos casos son papeles porosos y lavables, que absorben la humedad del pescado y a su vez la mantienen, de tal modo que el pescado no se seca.

En las pescaderías conseguimos esa humedad y ese frío necesarios para la conservación del pescado con nuestro hielo. En casa lo conseguirás con el papel o el trapo humedecidos y guardando tu pescado en **la zona más fría de tu frigorífico**.

Y te preguntarás, ¿cuánto tiempo lo puedo conservar así?

Los días que se puede guardar un pescado en el frigorífico dependen de muchos factores: del tipo de pescado, si es azul o blanco (el azul se deteriora antes por su cantidad de grasa), de los días que han transcurrido desde su captura o de su estado de frescura.

Por norma general aplica **2 días** y te quedas tranquila. Aunque en muchas ocasiones dura más tiempo. En cualquier caso, si tienes duda, ya sabes, consúltalo.

Congelación del pescado en casa

La congelación es una gran opción para alargar la vida útil del pescado, y también, para disponer de buen pescado en casa cuando lo necesites.

Siempre y cuando se realice correctamente, la congelación garantiza la seguridad alimentaria y el valor nutricional del pescado. Es cierto que, algunas veces, pueden verse alteradas sus cualidades organolépticas de sabor, olor, color o textura.

Es importante seguir unas simples recomendaciones a la hora del congelado, para que esos cambios sean los mínimos.

- Congela tu pescado en **porciones pequeñas** o de ración. No solo porque te será mucho más fácil organizarte a la hora de descongelarlo, sino porque además tardará menos tiempo en congelarse, y cuanto antes se congele, mejor resultado organoléptico tendrás.

  Un truco para acelerar el proceso de congelación es jugar con la temperatura del congelador. Disminuirla al meter el pescado, o un poco antes, por ejemplo, a -24° C, mantenerla durante 4 horas, y después devolverla a su temperatura habitual, -20 °C, o la que nos permita nuestro congelador.

- Congela tu pescado **limpio**, siguiendo los mismos criterios de limpieza que usamos para la refrigeración, pero aquí sí que te tienes que asegurar de que esté bien **seco.**
- Congélalo de la forma más **hermética** posible. Si tienes la posibilidad de poner el pescado al vacío será ideal, y si no, procura que el envoltorio se encuentre lo más pegado a su superficie, para evitar la presencia de aire que lo pueda «quemar» y conferir sabores extraños.
- Puedes congelar tu pescado en **bolsas aptas para congelación** (si tienes máquina de vacío en sus propias bolsas) o en el mismo **papel de la pescadería**, pero ya sabes, bien bien pegadito. Otra opción interesante es hacerlo con los dos envoltorios a la vez.
- **Etiqueta cada paquete** que prepares con la identificación del producto y la fecha de congelación. Por ejemplo: 2 filetes de gallo. 28 de marzo, 2023.

  De este modo sabrás qué paquete tienes que consumir con prioridad.

- **El tiempo de permanencia** máximo recomendado para el pescado congelado en un congelador doméstico es de:

  8 meses para **pescado blanco**
  3 meses para **pescado azul.**
  (En congeladores industriales este tiempo es mayor, incluso de años).

- Es muy conveniente disponer de una **lista con los productos** que tenemos en el congelador siempre a la vista: en la cocina o en la puerta del frigorífico.

  Así podrás tachar o borrar los alimentos que vayas sacando y te ayudará a recordar los alimentos que tienes congelados y a darte cuenta de cuándo tienes que reponer tu *stock*.

  De este modo se evita que se queden olvidados alimentos y que puedan acabar en la basura.

- Y, para terminar, como decía mi madre a sus clientas, «**en el congelador si metes bueno, sacas bueno**», pero si el pescado ya lleva unos días en tu frigorífico y no sabes qué hacer con él, no lo congeles, el congelador no hace milagros.

Los cuidados en la descongelación también son muy importantes.

- Descongela el pescado gradualmente. Del congelador pásalo a la parte más fría del frigorífico (al menos 12 horas), y de ahí a temperatura ambiente.

- Una vez descongelado déjalo airear unos minutos fuera del envoltorio y cocínalo cuanto antes.

- El pescado que se ha congelado y descongelado no debe volver a congelarse, salvo que se cocine a más de 70 °C durante al menos dos minutos.

3. COCINAR EL PESCADO

Cocinar pescado es mucho más fácil de lo que te imaginas.

No te preocupes si no sabes o no lo has hecho nunca, sigue las instrucciones que encontrarás en sucesivos capítulos y lo harás sin dificultad y de un modo muy saludable.

Solo necesitas ganas e ilusión, verás qué rico te va a salir.

Tómate tu tiempo, ponte un delantal para no temer manchar tu ropa, pon música si te gusta, olvídate del móvil y piensa en ese momento para ti... Si deseas cocinarlo en compañía también es muy buena opción, el rato de cocinar juntos es muy propenso a buenas conversaciones.

Toca el pescado, ensúciate las manos, siente su textura, su frío y su olor. Y sé consciente del milagro de la naturaleza que tienes frente a ti y de que el azar ha hecho que esté en tu cocina. Trátalo como tal, con el respeto que se merece y disfruta del acto último de cocinarlo y degustarlo.

Piensa en el buen alimento que va a suponer para los tuyos y para ti, de cuidar y de cuidarte y de amar a través de la cocina, y verás cómo, al igual que en la laureada película mexicana *Como agua para chocolate* (30), en la que la gastronomía sirve como pretexto de la historia de amor de los protagonistas, eso se nota en el resultado.

FRIGORÍFICO:

LIMPIO Y HÚMEDO
2 DÍAS

CONGELADOR:

LIMPIO, SECO, HERMÉTICO
PORCIONES PEQUEÑAS
ETIQUETADO
ENTRE 3 Y 8 MESES
DESCONGELACIÓN ADECUADA

4. DISFRUTA TU PESCADO

Y ya toca sentarse a disfrutar y a poner todos los sentidos en juego para degustar lo cocinado.

Saborea tu pescado, come despacio, degústalo con calma.

Descubre lo que te ha gustado, lo que no, y si la receta no te ha salido como tú esperabas, no te preocupes, no todo sale perfecto a la primera, lo vuelves a intentar.

Piensa en lo más importante, ya te has iniciado en el camino que te llevará a tu objetivo: que el pescado forme parte de tu dieta.

¡Enhorabuena!

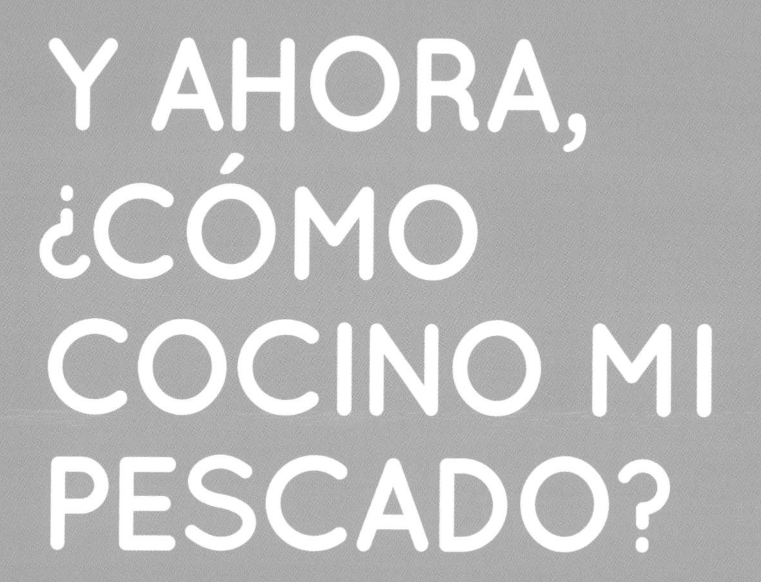

Y AHORA, ¿CÓMO COCINO MI PESCADO?

5. Y ahora, ¿cómo cocino mi pescado?

Ya sabes muchas cosas. Has aprendido a distinguir especies y a pedir que te las preparen de un modo u otro, has entrado en contacto con tu pescadería de confianza, sabes cómo guardar y congelar el pescado en casa... ahora ya solo te falta empezar a cocinarlo.

Antes del capítulo de recetas, te quiero explicar los métodos más comunes de cocinar el pescado. Es importante que lo leas, porque te ayudará a despejar dudas que te puedan surgir e irás a las recetas con más seguridad.

¡Empezamos!

HORNEAR

FÁCIL, SALUDABLE Y CÓMODO

Asar pescado al horno es bastante más fácil y saludable de lo que *a priori* puede parecer. Siempre que se haga a la temperatura adecuada, como vas a ver a continuación.

Al contrario que otros modos de cocinado, hornear no es un método que requiera nuestra atención constante ya que, una vez metido el pescado al horno y programado el tiempo, te quedas libre para ir haciendo otras cosas como preparar el refrito, la ensalada, o poner la mesa.

Respecto al gasto energético, cabe señalar a modo de ejemplo, que mantener el horno encendido 30 minutos vale, a día de hoy, 30 céntimos de euro más que tener la vitrocerámica o la inducción encendida en ese mismo periodo de tiempo.

Si a esto sumamos que el gasto de aceite en el horneado es menor que en la fritura, podemos afirmar que hornear no es más caro que freír, ni mucho menos.

Y además es más limpio y cómodo.

Cuando no se tiene costumbre de asar pescado, al principio surgen dudas. Es normal. Aquí voy a intentar resolver las más frecuentes, si tienes más, ya sabes, pregúntanos.

¿HAY QUE PRECALENTAR EL HORNO?

Sí.

Si no lo haces, en vez de asar el pescado, lo cocerás.

Para un asado normal precalienta el horno a 190 °C.

Observa tu horno, normalmente en unos breves minutos lo tendrás caliente, no lo enciendas demasiado pronto, ahorra energía.

¿TENGO QUE HACERLE ALGO AL PESCADO ANTES DE METERLO AL HORNO?

Sí.

Una vez que lo tienes limpio, lo salas y lo embadurnas de aceite de oliva virgen, así evitarás que se seque.

Y si te gusta, también puedes aderezar con alguna especia como la pimienta o el tomillo. Tanto el aceite de oliva como las especies contienen polifenoles, sustancias antioxidantes que protegerán al pescado de la acción del calor (31).

Ten en cuenta que las especias llenarán todo de aromas, por lo que, si quieres apreciar más el sabor del propio pescado, échale pocas, o no le pongas ninguna.

¿QUÉ PROGRAMA DE HORNO UTILIZO?

Los hornos de hoy en día nos ofrecen numerosísimas opciones de tipos de horneado.

Para el pescado es muy práctico el programa de AIRE junto con el GRILL SUPERIOR, ya que el aire caliente envolverá al pescado y lo cocinará y el grill superior lo dorará un poquito por arriba.

Es conveniente empezar el asado poniendo la bandeja en el centro del horno para que llegue el calor por igual a toda la pieza y luego, si deseas que se dore, subirlo más arriba los últimos minutos. Pero ¡ojo!, vigílalo, se puede tostar enseguida.

Si por un casual se quema la superficie del pescado y presenta costras negras, retíralas. Basta con retirar la parte chamuscada, el resto del pescado te lo puedes comer tranquilamente, lo mismo ocurre con el pan tostado y todos los alimentos quemados. (Recuerda que lo quemado puede contener sustancias perjudiciales) (31, 32).

¿CUÁNTO TIEMPO HORNEO MI PESCADO?

El tiempo de horneado es muy variable.

Dependerá de muchos factores:

• El tipo de pescado. Los de carne más recia como el lenguado o el rape tardan algo más en cocinarse que los de carne blanda como la merluza o la *lotxa*.

•Del grosor y tamaño de la pieza.

• De cómo metas esa pieza al horno: entera, abierta como un libro, en lomos o en rodajas. Dependiendo del corte que sea, necesitará más o menos tiempo. Por ejemplo, una pieza entera necesita más tiempo que unos lomos, ya que el calor tarda más en alcanzar el centro de la pieza.

• Y del tipo de horno, porque, aunque los hornos parezcan iguales, ya sabemos que todos no calientan por igual.

TIEMPOS DE «ECHAR UN VISTAZO»

Para que no te hagas un lío con tanto criterio te voy a dar unos tiempos concretos para «ECHAR UN VISTAZO».

Eso quiere decir que llegado ese momento abras el horno y mires cómo va tu pescado, él mismo te va a decir si necesita estar más rato o no.

• PIEZA ENTERA. 13 minutos

• PIEZA ABIERTA EN LIBRO. 9 minutos. La ventaja de meter el pescado al horno de este modo es que ves fácilmente cómo se va asando, y además no tienes que abrirlo tú, que es difícil si no tienes costumbre. Es cierto que puede secarse algo más la carne que queda expuesta al aire, pero también es verdad que el tiempo de horneado es más corto.

• LOMOS ENTEROS. 8 minutos

He puesto unos tiempos cortos, por lo que es probable que lo mires y aún le falte un poco.

Y ya ves que no son tiempos de horneado, son tiempos de ECHAR UN VISTAZO.

¿CÓMO SÉ QUE EL PESCADO ESTÁ HECHO?

Un pescado está cocinado correctamente cuando, en su interior, la carne ha pasado de color brillante a color mate, como se observa en la fotografía y se separa fácilmente del hueso.

Basta con pinchar con un cuchillo y un tenedor para verlo.

En caso de que se estén asando lomos sin hueso el criterio es el mismo, que la carne se haya vuelto mate, sin el brillo que tiene en crudo.

Esto lo vas a aprender muy fácilmente, no te preocupes; en un par de veces que ases le encuentras el punto.

¿QUÉ PASA SI ME HE PASADO DE TIEMPO?

Pues nada, que el pescado te queda un poco seco y ya está.

Te lo puedes comer tranquilamente. Mi consejo es que si te ocurre esto lo mojes en el refrito o le añadas una mahonesa casera o un ajilimójili para que esté más jugoso. ¡Y adentro!

¿Y SI ESTÁ POCO HECHO?

No pasa nada, lo vuelves a meter unos minutos más. Eso sí, vigilando cada 2 minutos porque se terminará de hacer antes de lo que crees.

Comer pescado poco hecho implica cierto riesgo, ya que es probable que no haya alcanzado los 60 °C necesarios para evitar los riesgos derivados de la presencia de parásitos como el anisakis, que ya hemos visto (8).

Por tanto, si te gusta el pescado poco hecho realiza los mismos cuidados que si te lo fueras a comer crudo.

Ya sabes, congélalo previamente a -20 °C durante 5 días. Así te lo podrás comer tranquilamente como quieras.

¿SE DA LA VUELTA EL PESCADO EN EL HORNO?

Generalmente no. Pero puedes hacerlo si deseas que se dore por ambos lados.

¿SE PUEDEN HORNEAR TODOS LOS PESCADOS?

Sí. Aunque habitualmente veamos ciertos pescados en determinadas recetas, puedes cocinar al horno todo tipo de pescados.

Solo has de tener en cuenta los criterios de tamaño y textura para calcular los tiempos y ya está.

¡Anímate a asar lo que nunca hubieras imaginado! Te vas a sorprender.

¿EL PESCADO ASADO SE PUEDE CONGELAR?

Claro que sí. No te puedes imaginar la ilusión que hace sacar el táper del congelador y que esté listo para comer.

ES MI PRIMERA VEZ

Si es la primera vez que vas a hornear un pescado sigue estas indicaciones:

- Lee atentamente las instrucciones que te he dado y sigue la receta a rajatabla.
- Deja los nervios a un lado. ¿Qué es lo peor que puede ocurrir? Que te comas el pescado un poco más hecho de lo deseado. No pasa nada por eso. Te lo puedes comer tranquilamente.
- Haz tus primeros asados con pescados económicos para que no te duela mucho si se te hacen de más. Cuando ya cojas seguridad en la técnica, podrás asar lo que quieras.
- Y recuerda que nadie nació sabiendo.

EL CASO DE LA FREIDORA DE AIRE PARA HORNEAR

La freidora de aire o airfryer es como un horno en miniatura.

Si quieres hornear en ella tu pescado puedes hacerlo tranquilamente siguiendo las instrucciones de temperatura del fabricante y los criterios que te he indicado arriba para el horno, simplemente rebaja un par de minutos los tiempos de echar un vistazo, por si acaso.

Lo mismo que con el horno, irás cogiendo el truco a asar en tu freidora según vayas practicando.

GUISAR

MUY SALUDABLE, LUCIDO Y COMPLETO

Podemos decir que, en términos generales, guisar el pescado en una salsa es muy saludable.

La temperatura necesaria para hacerlo no es muy alta y, además, el pescado, se cocinará con todos sus jugos y con los de los vegetales con los que lo acompañemos recogiendo de estos sus nutrientes, vitaminas, minerales y fitonutrientes[6] en general.

Es una muy buena opción para cocinar nuestro pescado.

Además, se puede preparar con antelación. Pudiendo dejar un segundo plato ya hecho para comerlo en casa o llevarlo en táper a donde sea.

Incluso, en ocasiones, estas cazuelas se pueden congelar ya preparadas.

También lo podemos convertir en completo plato único añadiendo algo de cereal a los vegetales y a las proteínas de pescado que ya posee.

Anímate a freír menos y a guisar más: no vas a tardar tanto tiempo como crees, va a ser más fácil de lo que piensas y, además, estará muy rico.

Recuerda que el pescado necesita mucho menos tiempo de cocción que las verduras o tubérculos, cocina primero la salsa y lo demás y, después, metes el pescado.

Solo hay una excepción a esta regla, y es el caso de los cefalópodos como el pulpo, la sepia y el calamar que necesitan más tiempo de cocción, como podrás ver en el capítulo de recetas. Ejemplos de guisos de pescados son:

Salsa verde (tienes la receta en el capítulo de recetas)

No cabe duda de que es una de las salsas estandarte de la cocina vasca. Merluza en salsa verde con *kokotxas* y almejas, *kokotxas* de bacalao en salsa verde con berberechos o rape en salsa verde son algunos de los ejemplos de la importancia que tiene en nuestro entorno.

Precisamente por ello, es costumbre que en nuestras pescaderías se regale con la compra diaria el ingrediente que le da su color característico: el perejil.

Esta salsa elaborada con ajo, cebolla (opcional) y perejil está especialmente indicada para pescados blancos con o sin espinas.

A estos ingredientes básicos puedes añadir verduras a tu gusto como por ejemplo patatas, guisantes, espárragos y algún huevo cocido. Y también la

[6] Fitonutrientes: son moléculas presentes de forma natural en los vegetales con propiedades altamente terapéuticas.

puedes complementar con mariscos como gambas, langostinos y cigalas o crustáceos como almejas, berberechos, coquinas o mejillones entre otros.

Puedes hacer salsa verde gordita, como para untar pan.

O más caldosa, tipo caldereta, para comer con cuchara. En ese caso, si añades arroz, tendrás un contundente plato único envidia de la oficina a la hora del almuerzo.

En esta, como en casi todas las salsas, la clave está en el fumet. Un buen fumet (tienes la receta en el capítulo de recetas) determinará la sabrosura de tu plato y será un extra de vitaminas y minerales.

El perejil es fuente de calcio, y la guindilla, si se la echaras, ayudará a tus digestiones con su capsaicina.

Yo te presento una de las maneras de hacer una buena salsa verde que considero más fáciles, pero hay tantas formas como manos en la cocina: con harina, sin harina, con vino blanco o sin él o incluso con leche. El objetivo de este libro no es que aprendas todas ni que hagas la mejor, el objetivo es que aprendas a hacer una salsa verde, que sepas hacer una buena cazuela sin miedo y sin dificultad, y de ahí en adelante ya podrás experimentar todo lo que quieras.

Anímate, no es tan difícil como estás pensando.

Marmitakos (tienes dos recetas de *marmitako* en el capítulo de recetas)

Sé que cuando piensas en *marmitako* estás pensando en el de bonito. Normal, es un plato tan arraigado en nuestra cultura que es lo primero que nos viene a la cabeza, pero en realidad, el *marmitako* lo podemos elaborar con cualquier pescado.

Llamamos *marmitako* a la cazuela resultante de guisar pescado con un montón de verduras y patatas en un caldo contundente. Lo que también llamamos coloquialmente calderete. Por cierto, no hay manera de ganar un concurso popular de calderetes en Navarra con *marmitako* de bonito; el cordero y el conejo se llevan al jurado de calle, al menos en el pueblo de Aibar. No sé qué vamos a tener que hacer.

Husmeando en la historia veo que el origen del *marmitako* está en la sencilla comida de los marineros mientras faenaban. Un plato contundente que les aportaba energía para sus arduas tareas de pesca. Lo preparaban con bonito o atún, aunque también con otros pescados azules como el verdel o el lampo. Afirma mucha gente marinera que no hay *marmitako* más rico que el cocinado con la *makaela* (estornino), aunque como ya se sabe, depende de gustos. Pero si coinciden tantos en la afirmación, seguro que por algo será. ¡Probar para saber!

Aunque hoy parezca mentira, originalmente, el *marmitako* no llevaba patata, ya que parece ser que el tubérculo en cuestión no entró a las cocinas vascas hasta el siglo XIX. Y para entonces, el *marmitako* ya era un clásico de la cocina marinera.

¿Y con qué se cocinaba? ¿Cuál era su base de hidratos de carbono?

Pues el pan. Rebanadas de pan fritas o al natural. Me imagino yo que sería como una especie de sopa de ajo o de *zurrukutuna* pero con bonito. Un plato completísimo por su contenido en verduras, proteínas animales de excepcional calidad, por su aceite y por sus hidratos de carbono como el pan o la patata. Se trata, sin duda, de un buen plato único. Tal es así, que hay lugares de la geografía vasca en los que el *marmitako* se come a dos tiempos, como los cocidos en la zona de Castilla. En primer lugar, el comensal pone rodajas de pan tostado o crudo en el plato y lo riega con el caldo del *marmitako*, como quien toma el caldo del cocido. Y en un segundo momento, se come el resto: la patata, las verduras y el bonito.

El gran gastrónomo del siglo pasado Ignacio Doménech, en una de sus recetas marineras, recogida en un libro de Busca Isusi (26) prepara una especie de *marmitako* de este modo, pero con sardinas. Me encanta que se rompan moldes y se juegue tanto con estas especies tan de nuestro día a día.

Lo que está claro es que también para el *marmitako* hay un ingrediente fundamental, el fumet o caldo que usemos para hacerlo. No solo para enriquecer la cazuela de nutrientes, sino, además, para aportar muchísimo sabor. El fumet lo puedes hacer de las espinas o cabezas del pescado con el que vayas a hacer la cazuela o de otras especies. A veces, como en el caso del *marmitako* de bonito, mezclar espinas de bonito con las de otros pescados blancos como la merluza o el gallo suaviza la intensidad del sabor del caldo y le confiere riqueza de aromas.

En este libro te presento dos recetas de *marmitako*, una con bonito y otra con sepia, pero lo puedes elaborar con un montón más de pescados.

Yo creo que el *marmitako* está especialmente rico con pescados azules, y mejor si están desespinados y cortados en trozos pequeños, pues así lo podrás comer con la cuchara sin miedo a encontrarte una espina. Son ideales pescados como el *txitxarro*, el verdel, la *makaela*, el salmón o el atún, también el bacalao o el rape por la tersura recia de su carne. En todos estos casos, tienes que añadir el pescado a la salsa una vez que estén todos los ingredientes cocinados, a última hora, porque se hará en un periquete.

Solo en el caso de que el *marmitako* sea de moluscos como la sepia, el calamar o el pulpo, los has de añadir antes, ya que tardan más tiempo en cocer.

También puedes versionar las verduras a tu gusto o echar las que encuentres ese día en casa. Yo te muestro dos recetas básicas de lo que es un *marmitako*, y queda a tu elección innovar, añadir, quitar verduras, legumbres, arroz o marisco. Lo importante es disfrutar cocinando o comiendo tu pescadito.

¡Anímate a probar!, es cuestión de empezar.

Salsa de tomate

Sumergir el pescado en una buena salsa de tomate es una manera rica y saludable de aportar a nuestra dieta vitamina C y antioxidantes como el licopeno (33).

Cualquier pescado es candidato a ser cocinado de este modo, tanto blanco como azul, y tanto entero como en lomos, como más te guste.

Es tan sencilla de elaborar como poner la salsa a calentar en una cazuela y meter el pescado dentro, que se vaya cocinando poco a poco, mezclando sus jugos con los del tomate. Y no podrás dejar de untar pan.

El tiempo de cocción del pescado dependerá de su grosor y de su textura, como siempre.

También puedes enriquecer tu salsa con unos pimientos u otras verduras, o aderezarla con hierbas aromáticas como la albahaca, que da un toque muy especial al tomate, orégano o perejil. Es cuestión de experimentar.

La cuestión es que tendrás un nutritivo segundo plato en un periquete, listo para comer en casa o para llevar a donde quieras.

Salsas de pimientos

Estas recetas también las puedes encontrar en el recetario. Son salsas muy fáciles de hacer, sanas y muy socorridas para acompañar cualquier pescado a la plancha, hervido u horneado. O para cocinar el pescado dentro de ellas.

Encebollados y piperradas

Estas presentaciones no son textualmente salsas, en la mayoría de las ocasiones las usamos de acompañamientos para otros platos, pero se pueden convertir en salsas cuando el pescado lo guisamos en su interior.

En el capítulo de recetas, encontrarás la de bonito encebollado, tan clásica que no podía faltar, y también la de verdel encebollado.

Se trata de lomos de verdel cocinado en la propia cebolla pochada. Es una forma diferente de poder preparar el pescado, si lo deseas, con antelación.

No lleva nada de dificultad y aporta todos los minerales de la cebolla y la fibra, los carotenos y la vitamina C de los pimientos.

Así que ya sabes, si un día tienes unos filetes de pescado en casa y no sabes qué hacer con ellos: pochas cebolla, pimientos y ajos... y cuando esté, metes los filetes en medio y apagas el fuego.

¡Ya verás qué rico!

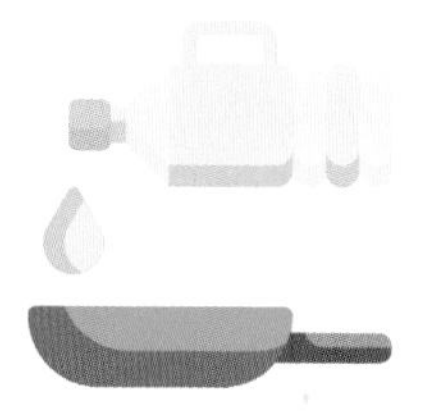

FREIR[7]

ATENCIÓN PLENA, CALÓRICO, DE VEZ EN CUANDO

Aunque te sorprenda, te diré que freír, rebozar o empanar pescado ni es fácil, ni es barato, ni es tan rápido como piensas y tampoco es la forma más sana de cocinar el pescado.

Desafortunadamente, en nuestro día a día, freímos con bastante más asiduidad de lo que creemos (párate un instante a pensar cuántas veces has comido alimentos fritos en los últimos tres días... ¿a que sí?, ¿a que comes más fritos de lo que crees?).

Es cierto que hay pequeñas especies como los soldaditos, las anchoas o los salmonetes que como más ricas están es bien fritas.

Te animo a que reserves tus ocasiones de freír para esas especies, y que no hagas de la fritura el modo habitual de comer pescado.

Freír requiere **TODA NUESTRA ATENCIÓN EN LA COCINA**.

Es muy importante controlar la temperatura del aceite para que no suba o baje demasiado y que el pescado no se queme o no se cueza, y hay que vigilar y dar vueltas a las piezas para que se hagan bien por todos los lados; ni chamuscadas ni crudas. Si quieres obtener un buen resultado, mientras fríes no puedes hacer nada más. Freír exige estar a lo que estamos: ***mindfulness***.

La temperatura del aceite es muy importante, pues hay que tener en cuenta que las **temperaturas altas estropean el aceite**, el pescado (23,31,32) y l**a sartén**, pudiendo generar sustancias no deseables a consecuencia del sobrecalentamiento.

¿Y cómo sé yo que estoy friendo a una temperatura alta? Porque sale humo de mi aceite y de mi sartén, porque cuando meto el pescado enseguida se vuelve marrón oscuro y porque huele a aceite y a sartén quemada. ¿Verdad que sabes a qué me refiero? Pues no llegues ahí. Y si por un descuido te ocurre, por mucho que te duela tira ese aceite y empieza de nuevo. Y si se te ha quemado también algún pedazo de pescado también lo desechas.

Si el calentamiento de la sartén y del aceite es **gradual** y no sale humo ni se ha quemado nada es que estás friendo a temperaturas correctas.

Para empezar a freír, el aceite ha de estar caliente, no metas el pescado al aceite frío. Sabrás que tu aceite ha llegado a una correcta temperatura para

[7] Cuando utilizo el término freír me estoy refiriendo igualmente a REBOZAR o EMPANAR.

meter el pescado cuando empiece a **burbujear**. Introduce una cuchara de palo seca o un diente de ajo en el aceite y cuando saque burbujas empieza a introducir tu pescado, poco a poco, para que el aceite no se enfríe de golpe. Y mantente en esa temperatura todo el tiempo (34).

El gasto en aceite de una buena fritada es elevado, no solo por la cantidad que absorbe el pescado (un 15 % aproximadamente) (35), sino también porque hay que cubrir bien la sartén para freír, rebozar o empanar correctamente.

Si hablamos de aporte nutricional y de salud, freír, empanar o rebozar el pescado con aceite de oliva virgen (extra o no) es la mejor opción.

También es la más cara, claro. Si no quieres gastar tanto dinero en aceite elige otros modos de cocinar el pescado en los que se utilice menos cantidad. Son más económicos.

- **Fríe de vez en cuando**, y el día que lo hagas, hazlo bien.

- **Fríe de poco en poco**, sin llenar demasiado la sartén, si metes muchos trozos a la vez harás que la temperatura del aceite baje y tu pescado se cueza. Entre tanda y tanda has de esperar unos instantes a que el aceite se vuelva a calentar y entonces metes el pescado. Si ves que en el aceite van quedando impurezas lo puedes colar para que no se quemen y den mal sabor.

- Fríe en **pequeñas porciones**, se harán antes. Y mejor en sartén pequeña de paredes altas.

- **Limpia, seca y sala tu pescado** antes de freír. La sal ayudará a que se adhieran mejor los rebozos que pongas y a conseguir unas capas externas más firmes y crujientes (23).

- Si te gusta, pasa tu pescado por harina, pan rallado, panko o huevo. **Los rebozos** contribuyen a mantener la humedad en el interior del pescado y que resulte más jugoso, y además lo protegen de los efectos de las altas temperaturas (25). **No reutilices el aceite** si ves que se ha vuelto oscuro y desprende olor fuerte al calentarlo (32).

- **Cuida tu sartén.** Si es con recubrimiento antiadherente, que sea libre de PFAO, mantenla limpia y sin ralladuras. Esto también contribuye a que tu fritada sea lo más saludable posible.

¿Cómo sé que mi pescado frito está hecho?

Cuando lo abras y veas que la carne está de color mate y se separa fácilmente del hueso (si has frito con él). Con el tiempo freirás a ojo, al principio has de prestar la máxima atención y abrir las piezas de vez en cuando. Es muy difícil decir tiempos exactos de sartén, porque va a depender de un montón de factores como el tipo de pescado, el grosor de las porciones, del rebozo, etc.

Pero para tu cálculo, y muy grosso modo, te puedo decir que un trozo de pescado medianamente grueso con su hueso, por ejemplo, un gallo pequeño frito entero, necesita unos 3 minutos de cada lado para estar hecho. Y que un filete de pescado libre de huesos y un poco más fino que el ejemplo anterior necesita aproximadamente un minuto y medio de cada lado. Para piezas de menor tamaño, como unas *antxoas* pequeñas será suficiente con que las tengas medio minuto de cada lado, si son más grandes, necesitarán el doble.

De cada lado no quiere decir que lo pongas de un lado y que lo dejes ahí, sin moverlo hasta que pasen los minutos recomendados. Quiere expresar el tiempo medio que ha de estar de ese lado para que la carne se haga correctamente. Probablemente, en el proceso de freír verás que necesitas dar la vuelta varias veces a las piezas.

Un truco práctico para que no se te enfríe el pescado frito entre tanda y tanda es meterlo al horno previamente calentado a 70 °C. Ahí se conservará calentito, pero sin secarse.

«FREÍR» EN EL HORNO

Cuando hay mucho que freír, una manera ágil de hacerlo es «freír» en el horno. Por supuesto que no es lo mismo que freír en una sartén, no aporta al pescado la misma capa crujiente que tiene cuando se fríe en aceite, pero tiene sus ventajas: se fríe todo al mismo tiempo, se gasta menos aceite y no se ensucia más que el horno. Imagina que tienes muchas *antxoas* para freír, en lugar de hacerlo en una sartén en varias tandas, lo haces al horno y salen todas a la vez. Para ello has de precalentar el horno a 200 °C con el grill superior.

Salas las *antxoas*, las pasas por harina (esto es opcional), las pinceladas con aceite (si quieres también puedes aromatizar ese aceite con limón, ajo machacado o alguna especia), y las colocas en la rejilla del horno una por una. Debajo pones la otra bandeja del horno con papel, para que recoja el aceite que va goteando. Las introduces en el horno en la parte superior, para que reciban el calor del grill. A los dos minutos les das la vuelta y que se hagan por el otro lado. Ya está.

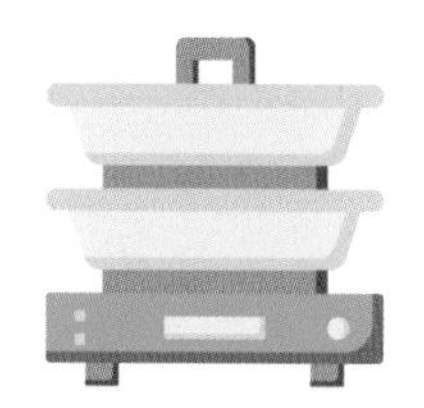

COCINAR AL VAPOR

SUPERSALUDABLE, SABROSO Y DIGESTIVO

Mires donde mires, vas a encontrar la misma afirmación: preparar los alimentos al vapor es, sin duda, la manera más saludable de cocinar.

Y ya sé que estás pensando: «Y la más aburrida, y la más sosa...». Pues no, no es así. ¿Has probado alguna vez el sabor de las verduras al vapor?

Es alucinante. El puerro sabe a puerro, la zanahoria a zanahoria y la merluza a merluza.

Cuando es el vapor de agua el que cocina a través de su calor, el alimento no recibe influencias de ningún otro condimento y el alimento sabe a él, a lo que es. Al tratarse de un método de cocinado tan limpio, los alimentos al vapor sientan muy bien, porque no se han cocinado con nada de grasa.

Después, si quieres, puedes aliñar el pescado con aceite crudo o un ligero sofrito.

Además, es un método rápido, especialmente cuando se trata de pescado a lomos. Con lo que podemos afirmar también que es el método más económico y ecológico para cocinar el pescado: mínimo gasto de aceite y mínimo gasto energético. Yo te animo a que pruebes, te va a sorprender.

En el capítulo de recetas vas a encontrar una receta básica de pescado al vapor acompañado con verduras, pero ahora te voy a explicar brevemente cómo hacerlo.

Para cocinar al vapor has de disponer una vaporera, no creas en algo raro, se trata de una cazuela con agujeros en la parte inferior, como la de la fotografía en la que colocamos los alimentos. Debajo de ella se coloca, en el fuego, otra cazuela con agua. Al hervir esa agua, el vapor subirá por los agujeros y cocinará los alimentos que coloquemos en la vaporera.

Existen diferentes tipos de vaporeras: metálicas, eléctricas y de otros materiales como la silicona o el bambú. Estas últimas son muy agradables para otros usos, pero en nuestro caso no te las recomiendo porque el olor a pescado queda impregnado en el bambú.

La técnica es muy fácil: pones la cazuela al fuego con agua y colocas la vaporera encima con los alimentos centro; y, por supuesto, pones la tapa. Es de vital importancia que la vaporera encaje a la perfección con la tapa y con la cazuela de abajo, para que no haya fuga de vapor.

Recuerda que el agua nunca ha de llegar a la vaporera, es el vapor el que va a cocinar el alimento, no el agua. No estamos cociendo.

Cuando se trata de pescado es conveniente que las porciones sean similares en grosor, para que se hagan a la vez y nunca poner capas sobrepuestas en la vaporera, pues unas piezas se harían más que otras. No es el caso de las verduras, pues es más fácil que pase el vapor entre ellas y, además, se pueden voltear en mitad de la cocción.

Si te apetece, puedes aromatizar sutilmente el pescado añadiendo al agua verduras, especias y hierbas, o ponerlas de cama debajo de él.

Cuando el agua rompa a hervir, el pescado empezará a cocinarse e irás observando cómo va cambiando de color. En breves minutos lo tendrás hecho. Echa el primer vistazo a tu pieza a los cinco minutos y luego cada dos.

Si no lo has hecho hasta ahora te animo a que pruebes a cocinar tu pescado así. Te va a sorprender.

HERVIR Y ESCALDAR

LIMPIO Y SANO

Ahora sí que estamos sumergiendo el pescado en agua y ahí se ha de cocinar.

Antes, en las casas, en las sociedades gastronómicas (muy importantes en la cultura culinaria vasca) y en los restaurantes se comía mucho más pescado cocido que en la actualidad. Incluso algunas recetas que terminaban en el horno empezaban cociendo el pescado previamente. Si miras recetarios de pescado de mediados del siglo pasado verás un montón de recetas de pescado cocido o escaldado (26). Ese cambio de la cazuela a la sartén, probablemente ocasionado por la bonanza económica y la mayor facilidad de acceso al aceite, ha hecho que el panorama gastronómico haya cambiado mucho en el último siglo.

Como ocurre con tantas cosas en la vida, que el pescado hervido haya caído en desuso no quiere decir que en un tiempo reaparezca en nuestros recetarios como la mejor de las opciones. Y ojalá, porque creo que tiene mucho que ofrecernos.

En este libro vas a encontrar varias recetas de pescado cocido, aunque no se denominen como tal. La raya a la gallega, el bombero, la ensalada de huevas de merluza, y, por supuesto las sopas, los fumets o los *marmitakos*.

Yo te animo a que pruebes sin miedo a cocer y escaldar pescado. No tiene dificultad y el pescado hervido es rico, sano, fácil y rápido de preparar, y digestivo. Y no es aburrido, soso o comida para enfermos, como se dice. Todo depende de la imaginación que le pongas a la hora de acompañarlo o aliñarlo.

Te voy a explicar aquí las dos técnicas sencillas para cocer o escaldar, que podrás adaptar al pescado que tengas cada día.

COCER PESCADO (HERVIR)

- Pones una cazuela con agua y sal.

Si quieres, puedes añadir verduras al agua, bien para aromatizar o para comerlas luego de guarnición con el pescado. Pueden ser patatas, puerros, cebollas... Si lo haces, ten en cuenta que las verduras necesitan bastante más tiempo para cocerse que el pescado.

- Una vez que las verduras se han cocido introduce el pescado, mejor en trozos grandes. Por ejemplo, si vas a hervir un rape, mejor meterlo entero, y si no te cabe en la cazuela, por la mitad.

Dejas que el pescado hierva el tiempo que necesite según su grosor. A modo orientativo, a los 10 minutos de cocción lo sacas y compruebas si está cocinado.

- Ya hervidos, sacas las verduras y el pescado y los pones a escurrir.

- A la hora de emplatar, primero colocas las verduras al fondo del plato o bandeja, el pescado encima y luego los aliñes. Lo que quieras: refrito de ajos, aceite crudo con pimentón, sofrito de cebolla y tomate, o salsas tipo mayonesa, alioli, ajilimójili o mostaza.

Mira qué fácil, rápido y sencillo. Para mí, cualquier pescado blanco simplemente cocido y con una buena mayonesa casera es todo un manjar.

ESCALDAR PESCADO

Esta técnica se utiliza para pescados que necesitan muy poco tiempo de cocción, como por ejemplo las *antxoas* o las sardinas. Es un modo más ligero y suave de «freír» (entre comillas) estas especies haciendo uso mínimo de aceite. En la costa cantábrica es una manera habitual de consumir estos pequeños pelágicos, especialmente en tiempos de abundancia como en las costeras de dichas especies. Es así de fácil:

- Prepara tus *antxoas* limpias de cabezas y vísceras.
- Pon al fuego en una cazuela agua y sal (y si quieres media cebolla, para aromatizar).
- Cuando llegue a ebullición, sumerge las *antxoas* en el agua en un colador o vaporera y deja que estén un minuto y medio dentro del agua hirviendo.
- Las sacas, las escurres y las pones en una bandeja.
- Preparas un refrito de ajo y guindilla y lo viertes por encima, echas un chorro de vinagre y ¡a comer!

La cantidad de aceite del refrito es siempre menor al que hubieras usado si hubieses frito las *antxoas* en la sartén, y además está más limpio porque ha permanecido menos tiempo bajo la acción del calor. Eso hace que este plato sea suave y se digiera mejor, además es bajo en grasa y económico.

Imitemos a nuestras abuelas y tiremos más de olla y menos de sartén. A la larga, nuestra salud nos lo va a agradecer

PLANCHA

VIGILANCIA Y CUIDADO

Hacer un pescado a la plancha correctamente no es fácil, tiene su técnica y necesita vigilancia constante.

Hay que tener en cuenta que se trata de cocinar el pescado sobre una superficie muy caliente y con muy poco aceite. En cualquier descuido se puede quemar el pescado y la parrilla.

Aquí te dejo unas breves recomendaciones para conseguir pescado a la plancha en la mejor de sus versiones:

- No es lo mismo una sartén que una plancha, y no hay que darle el mismo uso.
- Si te gusta el pescado a la plancha hazte con una buena, con antiadherente de calidad, y con las ondas propias de las planchas, que permiten el paso de aire y cocinar con menos grasa.
- Al igual que con la sartén, calienta tu plancha poco a poco. Nunca con el fuego al máximo. Y pincélala con aceite. Una vez caliente puedes subir o bajar el fuego lo que necesites.
- Procura que los trozos de pescado que vayas a hacer a la plancha no sean gruesos. El calor tarda mucho en llegar al interior de la pieza y si las piezas son gordas, para que por dentro quede hecho no podemos evitar que las partes exteriores queden secas.
- Seca muy bien el pescado antes de ponerlo sobre la parrilla, si tiene agua, en vez de asarse se cocerá. Puedes secarlo con un trapo destinado a este fin.
- Después de secarlo, sálalo, y a la hora de ponerlo sobre la plancha pincélalo con aceite.
- Si el pescado lleva piel es conveniente hacer unos cortes a lo largo de esta, para que no se encoja y para que el calor penetre más fácilmente. Y hay que empezar a asar por el lado de la piel, es decir, con la piel hacia la parrilla.
- Déjalo ahí, a fuego medio, unos tres minutos sin moverlo, y ejerciendo una pequeña presión sobre él para que no se levante. Así, se cocinará la piel y la carne que está debajo de ella. Transcurrido ese tiempo lo pones tres minutos más del otro lado, lo sacas y miras si está bien hecho. Si te parece que aún le falta algo, lo pones un par de minutos más.

MARINAR Y ESCABECHAR

SALUDABLE,
DE APROVECHAMIENTO
Y DE DISFRUTE

Marinar y escabechar pescado es más fácil de lo que parece y es muy práctico. Normalmente estas técnicas se emplean en recetas de aprovechamiento y también permiten disponer en casa de sabroso pescado para un aperitivo, para completar una ensalada, o para un bocadillo.

Son recetas sanas, pues a las propiedades del pescado se les añaden las del aceite de oliva, el ajo y las especias. Un tesoro para nuestra salud.

Tradicionalmente, estas dos técnicas culinarias se han utilizado como métodos de conservación de los alimentos. Civilizaciones como la romana o la árabe han dejado testimonios escritos de su uso, aunque se sospecha que su empleo puede venir de mucho antes.

La base de ambas técnicas consiste en la utilización de un medio ácido, producido normalmente por el vinagre, para evitar la proliferación de microorganismos y bacterias que pueden estropear o pudrir los alimentos.

Hoy en día seguimos escabechando y marinando, ya no tanto como medio de conservación, sino sobre todo como deleite para el paladar.

Escabechar es, también, una manera excelente de dar una segunda vida a restos de pescado azul que hayan sobrado. Raciones de atún, bonito, sardinas o *txitxarros* que ya nadie puede terminar se convierten al día siguiente en apetitoso entrante después de haber pasado unas horas en el escabeche. Apañada y fácil economía familiar.

Más adelante te presento dos recetas de marinados y dos de escabechados. Son bastante más fáciles de elaborar de lo que te imaginas. Date una oportunidad para hacerlas, ¡vas a repetir seguro!

La primera es la tradicional *antxoa* o boquerón marinado en vinagre. Es la receta más típica de marinado en la cornisa cantábrica y en la cuenca mediterránea, y no podía faltar en este recetario. No hay casa donde no se elabore ni taberna donde no se consuma.

Después te presento esa misma receta, pero con verdel. Y dirás, ¿y para qué te repites? Pues por un motivo muy sencillo: quiero dinamizar la receta, y el verdel.

Existe una creencia general de que la receta de las *antxoas* marinadas solo y exclusivamente se puede realizar con *antxoas*. Esto no es así, se puede realizar con un montón de pescados más, y entre ellos, el verdel es muy buen candidato por la tersura de su carne y su profundo sabor.

Respecto al verdel cabe señalar que muchas veces no se nos ocurre otro modo de cocinarlo más que horneado o frito, y este es un modo muy rico de tener los omega 3 y la vitamina D que contiene siempre disponibles.

Las dos recetas de escabechados que te presento difieren en que una es escabechada en frío y otra en caliente. Las dos muy ricas y fáciles. Ya verás.

Por cierto, ¿te has fijado en la foto? Fíjate bien, no es lo que parece. Sigue leyendo, que más adelante te cuento el secreto.

A MIS HIJOS NO LES GUSTA EL PESCADO

6. A mis hijos no les gusta el pescado

Es la típica frase que escuchamos frecuentemente en la pescadería.

Y esto, ¿es suficiente razón para que no lo coman? Que a los niños y niñas no les guste hacer algo nunca ha sido motivo para que no lo hagan, solo causa de que a las personas adultas les cueste más o menos trabajo que lo terminen haciendo.

Seguro que tampoco les gustan otras cosas que tienen que realizar y las llevan a cabo porque tú consideras que son importantes y beneficiosas. Con el pescado ocurre lo mismo. Si consideras que su consumo es importante para la salud y para el adecuado crecimiento de tus peques, insistirás para que se acostumbren a comerlo, y así lo harán.

Y ¡sí!, el pescado es importante para la salud durante la infancia. Las proteínas de alto valor biológico del pescado contribuyen al crecimiento y formación de músculos y huesos; las grasas del pescado, como los omega 3, facilitan el correcto desarrollo neurológico; con la vitamina D se fortalecen las defensas; y, algo que no te esperas, el consumo de pescado ayuda a conciliar un sueño de mayor calidad y propicia una mejora cognitiva y de aprendizaje, mejorando así el rendimiento escolar. Afirmaciones que quedaron demostradas en un estudio científico realizado en China (36).

Por todo esto y por lo dicho en el capítulo 1 acerca de las propiedades del pescado, este tiene mucho que ofrecer en el desarrollo de nuestros hijos e hijas

La Asociación Española de Pediatría (37) recomienda la introducción en la dieta de todo tipo de pescados blancos o azules* a partir de los 6 meses de edad.

* A excepción de 4 especies muy concretas y poco habituales en nuestro día a día que son: pez espada/emperador, atún rojo, tiburón (cazón o tolla, marrajo, pintarroja o *katuarraia* y tintorera) y lucio, cuyo consumo, por su alto contenido en mercurio, se ha de evitar hasta los 10 años y limitar a 120 gramos al mes desde los 10 hasta los 14 años.

Esta introducción se ha de hacer siguiendo la regla de los tres días, igual que con cualquier alimento nuevo que se vaya a incorporar, y especie por especie. Empezando por pequeñas cantidades y aumentando poco a poco la ración.

Cuando son chiquitines y no tienen capacidad para quitar espinas y escamas nos debemos asegurar de dejar el pescado libre de ellas. Poco a poco, según van creciendo, dejaremos que las vayan separando bajo nuestra supervisión y nuestras explicaciones sobre en qué parte del pescado las pueden encontrar. Comer con las manos es la mejor manera de hacerlo, pues a quitar espinas se aprende con la práctica. Además, hay que dejarles la opción del rechupeteo, que tanto les gusta desde bien peques a algunos niños y niñas.

Se recomienda que en la elaboración de los platos de pescado que se coman durante la infancia, especialmente en edades más tempranas, se sigan las instrucciones del buen cocinado ya descritas. Que esté bien cocinado, ni crudo ni poco hecho y si no lo va a estar que se congele previamente.

El número de raciones de pescado recomendadas para los niños y niñas, al igual que para los adultos, es de **entre 3 y 4 semanales**, alternando entre pescados blancos y azules.

Recetas especiales para la infancia

No vas a encontrar en este libro recetas especiales, **«que tu hijo o hija coma lo que come toda la familia desde que el pediatra se lo permita»**, esa es la receta.

Si pensamos en recetas de pescado especiales para la niñez nos imaginamos sobre todo un gran rebozado, un frito, lo más parecido a un *snack (nugget)* que enmascara, esconde o disimula el sabor del pescado que queremos que nuestro peque coma.

Pues bien, vale, de vez en cuando, ¿por qué no?, a los adultos también nos gustan.

Pero no se trata de eso, sino de educar a nuestra descendencia en la cultura de comer pescado, en el hábito de llevar una dieta sana, saludable y apetecible que les ayude a vivir con salud.

RECOMENDACIONES A MADRES Y PADRES DESEOSOS DE QUE A SU PROLE LE GUSTE EL PESCADO

Son muy sencillas, asequibles, divertidas e incluso van a reforzar los lazos que tienes con tus peques. No tienes nada que perder por intentarlo.

1. Cuanto antes se inicie un niño o niña a probar el pescado, mejor comedor de pescado será (esta afirmación es extrapolable a todo tipo de alimentos). Si tu pediatra te dice que tu hijo o hija puede empezar a comer todo tipo de pescados desde los 6 meses, ¿por qué no vas a dárselos?, ¿por qué solo le invitas a probar unas pocas especies?

No encasilles a tu peque a comer solo un tipo de pescado, pues así tendrá muchos boletos para que se canse y lo acabe aborreciendo. Dale a probar de todo y cocinado de maneras diferentes, verás como nada se le va a hacer raro.

2. Que tu hija o hijo, desde muy peques, coman con el resto de la familia y lo que come el resto de la familia. El día que toca anchoas que coma anchoas, y cuando toque rape que coma rape. Y como lo hayas cocinado: en salsa, caldereta o con refrito. Tu peque no sabe que esos sabores diferentes se catalogan todos como pescado: son alimentos diferentes para probar. Por supuesto que unos le gustarán más que otros, como le pasará con las frutas o las legumbres, pero su concepto de pescado no será siempre el típico filete de gallo rebozado.

3. Implícales en el proceso de comprar y cocinar pescado (si tienes más de un hijo, haz turnos entre ellos, es muy práctico):

- **En la compra**, ya sea física o virtual, hazle partícipe. Explícale las especies, pregúntale qué le apetece (aunque tú ya tengas claro lo que vas a comprar), qué le gusta más, o cómo podemos cocinar cada especie... aunque solo sea para oírle contar sus preferencias o sus maravillosas ocurrencias.

- **En la preparación**: le arremangas, le pones un delantal y le permites que toque el pescado, que lo huela, que note su frío y su textura, que lo limpie, incluso que lo corte bajo tu supervisión... que toquetee. Ya sabemos, a estas alturas, que cuanto menos se manosee el pescado mucho mejor, pero el objetivo de este rato con tu hijo es más importante que comer un día unas anchoas un poco más blanditas.

Participar en este proceso le va a encantar y va a aprender también a conocer el producto, a distinguirlo, a respetarlo y a cuidarlo. Implicarse así no es lo mismo que sentarse en la mesa donde te ponen un plato con un trozo de pescado frito que nadie sabe de dónde salió, si del fondo del mar o de las ramas del manzano.

Cuéntale todo lo bueno que tiene el pescado para su salud y para la del resto de la familia.

• Y, por último, **cocina con tu hijo o hija** (te aseguro que esto es muy útil; a partir de cierta temprana edad ya sabrán hacer la cena ellos solos). Hazle partícipe en la decisión de qué receta elegir. Si aún es muy joven para ello, explícale tú cómo lo vais a preparar y por qué. Le va a encantar y va a aprender mucho más de lo que tú crees. Además, si el rato de la cocina compartida es mágico con cualquier persona, imagínatelo con tu prole. La vida pasa rápido y esos momentos no se pueden dejar escapar. Haz por tenerlos, los vais a recordar siempre.

• **¡Disfrutad del plato que habéis preparado!** Te aseguro que es muy especial para un niño o niña comer algo en cuya elaboración ha participado. Ni se plantea que no le gusta, ni se acuerda. Y que toda la familia comente su plato y le felicite por el trabajo realizado es algo muy grande. ¡Calcula a dónde va su autoestima!

• Ya solo queda **recoger y fregar**. Los niños y niñas también lo hacen muy bien.

• Y, por último, **juega con tu peque con este libro.**

Enséñale las diferentes especies de pescado que se describen y proponle adivinar los nombres. Será algo divertido, un rato maravilloso contigo y de paso aprenderá sobre pescado.

Ojead las recetas juntos y elegid una para cocinar. Buscad los ingredientes y planificad una fecha. Os va a encantar.

4. Nunca es tarde para todo lo expuesto anteriormente.

Si tus hijos o hijas son algo mayorcitos y les quieres iniciar en el pescado, utiliza todas las herramientas anteriores. Además, a esas edades, entenderán mejor los beneficios que tiene para su salud. Cuéntales lo importante que es lo que comemos, incluido el pescado, para estar sanos, para rendir en el deporte, en sus *hobbies* y en el colegio.

La negociación de «ración mínima» es una práctica que también funciona con peques y adolescentes. Se trata de tomar, al menos, una pequeña porción de los alimentos que hay, aunque no le gusten. Por ejemplo, 5 anchoas.

La creatividad y la imaginación a la hora de cocinar, presentar y denominar a los platos son muy importantes en la introducción de los alimentos en la dieta de las niñas y niños: en bocadillos, en churritos, dipeando con diversas salsas, nombres que sugieran, diferentes, divertidos... ¡todo anima! Los gustos, a lo largo de la infancia y con el paso de los años, fluctúan. No te desanimes. Tu trabajo y esfuerzo tendrán sus frutos, ya lo verás.

RECETAS

7

7. Recetas

Churritos de sabirón

 30 min  4  Filetes con piel

Esta receta es éxito asegurado en muchos hogares, en especial en los que hay peques. El sabirón es un pescado que al freírlo se enrolla y toma forma de churro. Si pones unas salsas para untar tienes la versión salada del chocolate con churros. Se puede empanar el pescado con pan rallado normal o con panko. Si optas por el panko has de pasarlo primero por huevo y repetir la operación dos veces.

Ingredientes

- 1,5 kg de sabirones (peso en bruto) en filetes y con piel. Limpios y secos
- Aceite de oliva virgen, el más suave que encuentres
- Sal
- Pan rallado o panko
- 3 dientes de ajo para aromatizar el aceite (opcional).

Elaboración

1. Machaca los ajos con piel y todo. Eso siempre lo primero.

2. Sala los filetes de sabirón por ambos lados e imprégnalos bien en pan rallado.

3. Calienta el aceite en la sartén como ya sabes, y cuando esté en su punto vas introduciendo los ajos y los filetes de sabirón.

Pero OJO, fríe primero por el lado que **no tiene piel** y deja que se hagan bien, porque el sabirón, al darle la vuelta se enrollará.

4. Cuando tengas todo frito lo sacas a la mesa acompañado de las salsas que más te gusten. Pueden ser alioli casero, salsa de tomate con albahaca o vinagreta de mostaza entre otras.

5. ¡Y a dipear!

TRUCO: Puedes añadir perejil picado y las especies que te gusten al pan rallado. El rebozado quedará más sabroso y le dará un toque diferente.

¡Ojo! el crujiente desaparece pronto, si lo quieres comer crujiente, cómelo recién frito.

Si te sobran churritos los puedes guardar para el día siguiente metidos en salsa de tomate picante (o no), parecerá que estás comiendo un plato diferente.

Platusa rubia rebozada

30 min

4

Lomos con piel

Es probable que rebozar sea uno de los modos más comunes de comer el pescado en nuestro país. Es muy práctico porque el pescado rebozado se puede comer caliente, frío, en bocadillo o en táper. A mí como más me gusta es recién hecho, jugosito y acompañado con una ensalada de lechuga y cebolleta que le da frescor. Te propongo la receta con platusa rubia pero, en realidad, la puedes hacer con cualquier pescado.

Ingredientes

- 4 platusas de medio kilo cada una preparada en lomos y con piel (sin piel también está rica, es cuestión de gustos)
- Aceite de oliva virgen, el más suave que encuentres
- Sal
- 1 huevo batido
- Harina (opcional)
- Dientes de ajo (si te gustan).

Elaboración

1. Machaca los ajos con piel y todo.

2. Prepara los filetes de platusa: échales sal y pásalos por el rebozo elegido: harina y huevo (por este orden), o solo huevo.

3. Calienta el aceite en la sartén como ya sabes, y cuando esté preparada introduce los ajos machacados (si te gusta comerte los ajos o el aceite con aroma a ajo) y los trozos de pescado de pocos en pocos.

4. Da la vuelta varias veces a las porciones, no solo para que se hagan bien por todos los lados, sino también para que no se lleguen a dorar demasiado. El pescado rebozado ha de estar doradito, pero no negro. Para unos filetes de platusa calcula aproximadamente 2 minutos de cada lado en total.

5. Recuerda dejar unos instantes entre tanda y tanda para que se caliente el aceite.

TRUCO: Si no lo has hecho nunca, prueba a rebozar lomos de bonito. Queda especialmente jugoso. Eso sí, con un minuto por cada lado, lo tienes hecho, date cuenta de que el bonito se cocina enseguida. Lo mismo si vas a rebozar *antxoas* o sardinas abiertas en mariposa, con un minuto por cada lado será suficiente.

Otro truco: puedes añadir perejil picado y/o pimienta recién molida al huevo batido. Si vas a rebozar el pescado con piel, pon primero a freír el lado que no tiene piel porque al darle la vuelta puede que se encoja un poco. El lado de la piel ha de estar algo más de tiempo friéndose que el lado que no la tiene, ya que la piel ejerce de protección.

Otros pescados para esta receta: cualquiera. En lomos o en rodajas, todo vale.

Pescadito frito

30 min

4

Limpio de vísceras y enteros

Esta receta es ideal para esas especies pequeñas que quedan tan ricas bien fritas: salmonetes, anchoas, sardinas, soldaditos o acedías, pescadillas, chopitos... **Recuerda** tener la mesa puesta y todo preparado antes de ponerte a freír, esta receta es HACER Y COMER, porque pasados unos minutos tu pescadito crujiente se volverá gomoso. Antes de empezar ten en cuenta todas las recomendaciones de buen freír del capítulo 5. ¡Y a disfrutar!

Ingredientes

- 1,5 kg de pescadito. Limpio y bien seco
- Aceite de oliva virgen, el más suave que encuentres
- Sal
- Harina de garbanzo, trigo o especial para frituras de pescado (opcional)
- 3 dientes de ajo (si te gustan)
- Guindilla cayena (opcional). Solo si te apetece el toque picante.

Elaboración

1. Machaca los dientes de ajo.

2. Sala el pescado por ambos lados y pásalo, si deseas, por la harina elegida. Asegúrate de sacudir el exceso de cada pieza.

3. Pon la sartén con el aceite a calentar (y el ajo, si quieres) y estate muy atento a la temperatura.

4. Cuando llegue a la temperatura adecuada ve introduciendo el pescado de pocos en pocos, como ya hemos comentado.

5. Observa cómo se va friendo el pescado y dale vueltas de vez en cuando para que se vaya haciendo uniformemente por todos los lados sin llegar a quemarse. Si vas a echar guindilla es el momento, la cortas en dos, para que reparta más su sabor.

6. Cuando veas que ya está hecho lo vas sacando a la bandeja. La guindilla y el ajo también los sacas, el aceite ya estará aromatizado para las siguientes tandas.

7. Para freír la siguiente tanda has de esperar unos instantes a que el aceite se vuelva a calentar y entonces metes el pescado. Si entre tanda y tanda ves que en el aceite van quedando impurezas lo puedes colar para que no se quemen y den mal sabor.

8. Cuando ya esté todo frito lo puedes corregir con un poquito más de sal si te apetece.

1. Si quieres un toque especial en tu pescado frito, raya sobre él jengibre fresco antes de sacarlo a la mesa. Le otorga un aroma muy sutil. ¡En mi casa nos encanta!

2. Freír en el horno es una buena opción si tienes muchos pescaditos para freír. Las indicaciones están en el capítulo 5.

Pescados ideales para esta receta: pescados pequeños como anchoas, sardinas, chopitos, *txipirones*, soldaditos, salmonetes, gallitos, y cualquier pescado que, aunque sea más grande, puedes partir en trozos más pequeños.

Jurel frito en adobo

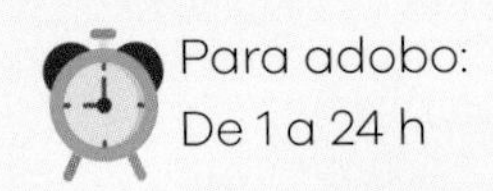

Limpio y entero

Sin duda, el plato más especiado de todo el libro. Muy típica de la costa andaluza, esta versión del pescado frito resulta muy sabrosa por el sabor que le confiere el adobo. Y a la vez es muy saludable por las sustancias antioxidantes que tienen las especias con las que lo vamos a elaborar (31). Aquí tienes la receta básica de un adobo, pero la puedes hacer más de tu agrado añadiendo o quitando los ingredientes que desees.

Ingredientes

- 2 kg de *txitxarros* (jurel) (peso bruto) fileteados en trozos y sin espinas
- Harina especial para freír pescado o harina de garbanzo
- 4 dientes de ajo machacados
- Aceite de oliva virgen, el más suave que encuentres.

Para el adobo:

- 1 vaso de vinagre de vino
- 1 vaso de agua
- ½ cucharada sopera de sal
- ½ cucharada sopera de comino
- ½ cucharada sopera de pimentón
- ½ cucharada sopera de orégano
- 2 hojas de laurel partidas por la mitad
- 4 ajos machacados con su piel.

Elaboración

1. Junta los ingredientes del adobo en un cazo y ahí introduce los pedazos de *txitxarro*.

2. Lo mezclas todo bien, asegurando que los trozos de pescado queden cubiertos con el adobo y lo guardas tapado en el frigorífico 24 horas o el tiempo que decidas (puede ser menos). A mayor tiempo en el adobo, más impregnación.

3. Transcurrido este tiempo escurre el pescado, lo pasas por la harina y fríes los trozos junto con los ajos machacados hasta verlos dorados.

Se puede acompañar con un buen alioli casero para untar y una ensalada verde.

Otros pescados para esta receta: *tolla* (cazón), carcajal, *katuarraia* (pintarroja), burriota, raya, dorada, sabirón, bonito, atún, platusa, lubina, corvina y muchos otros pescados, especialmente azules.

Rape al horno con patatas panaderas y su refrito

Esta es la receta más básica de horneado. Si es la primera vez que vas a hornear empieza por aquí. Vas a saborear el pescado en toda su esencia.
Es muy socorrida, se prepara en un periquete y es muy lucida.

Ingredientes

- 1 rape de 2,5 kg aproximadamente (peso bruto) limpio y entero.
- 2 patatas grandes peladas y en rodajas finas
- Aceite de oliva virgen extra
- Sal
- Pimienta
- 3 dientes de ajo
- Vinagre de sidra, de manzana o vino
- Guindilla cayena (opcional)
- Perejil picado para el adorno final (opcional).

Elaboración

1. Precalienta el horno a 190 °C y grill superior.

2. Introduce las rodajas de patata en el horno con sal, pimienta y un chorro de aceite y deja que se asen unos 13 minutos, hasta que estén hechas (también las puedes hacer en una sartén o al vapor. La cuestión es que han de estar hechas cuando introduzcas el pescado).

3. Limpia el rape, le echas sal, lo embadurnas de aceite, y lo colocas encima de las patatas. Y vuelves a meter el conjunto al horno.

4. Troceas los ajos en láminas y los reservas.

5. A los 13 minutos aproximadamente echas UN VISTAZO. Si ves que aún no se ha terminado de hacer lo dejas unos minutos más.

6. Una vez asado, cuando lo saques, verás que el fondo de la bandeja está lleno de jugo que ha soltado el pescado. No os preocupéis, es normal. Especialmente en el caso del rape.

7. A continuación, fríes en una sartén el aceite con los ajos en láminas y la cayena, al gusto. Y viertes el refrito sobre el pescado.

8. Ahora tienes que ligar el refrito recién vertido con el jugo del propio pescado. Esto lo lograrás meneando enérgicamente la bandeja con movimientos de vaivén. Una vez lo tengas, vuelves a volcar la mezcla a la sartén.

9. Allí echas un buen chorro de vinagre y con ayuda de unas varillas intentas ligar todo de nuevo. Has de hacerlo a fuego suave, porque de lo contrario el vinagre hace que salte violentamente. Con todo esto se consigue una salsa blanca gordita y de extraordinario sabor que finalmente se vierte de nuevo sobre el pescado y A LA MESA.

Si quieres puedes espolvorear un poco de perejil fresco picado para adornar el plato.

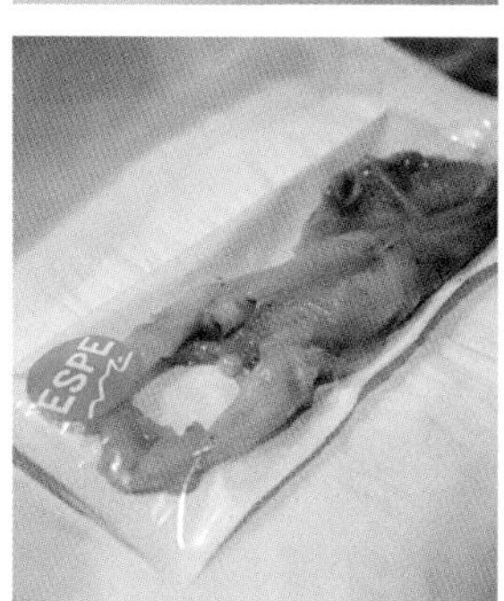

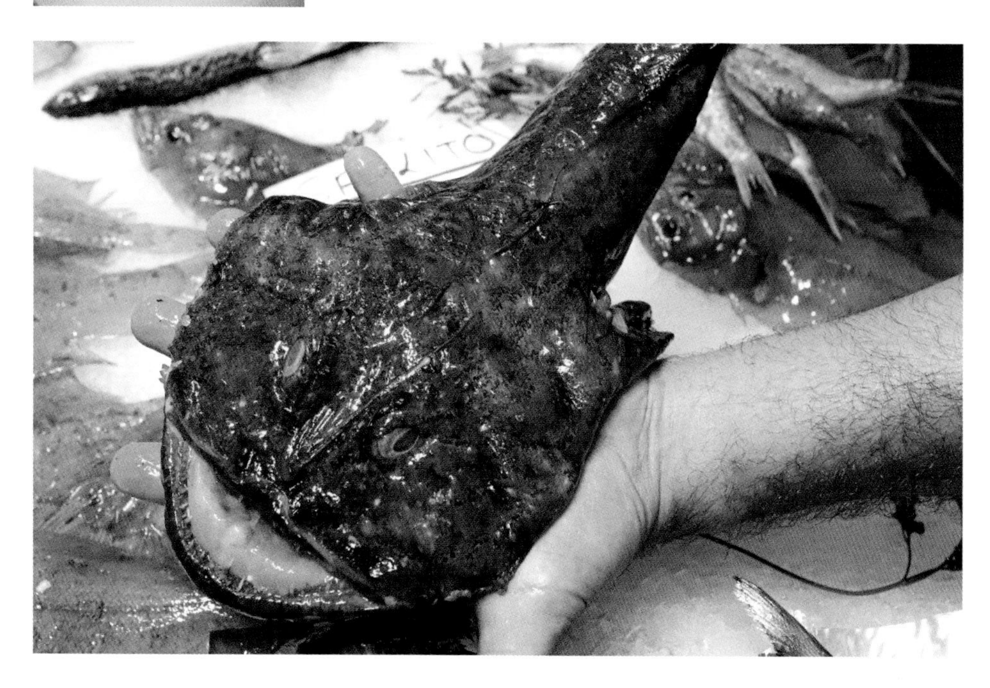

TRUCO: Si quieres que tu salsa o refrito sean aún más gorda, en vez de ligarla con unas varillas, lígala con un colador metálico.

Puedes meter el pescado elegido entero, en libro o en lomos, como más te apetezca. Solo tienes que adaptar el tiempo de echar un vistazo al corte seleccionado (capítulo 5).

Las patatas están riquísimas impregnadas del sabor del pescado y del refrito.

Esta receta también la puedes hacer sin patatas. Todo será igual excepto el tiempo necesario para cocinarlas.

Esta receta la puedes realizar también en la freidora de aire.

Otros pescados para esta receta: todos los pescados blancos o azules de cierto tamaño (a partir de tamaño de ración).

Gallo de san Pedro asado sobre cama de verduras

55 min

4

Limpio y entero

Esta receta es igual que la anterior, pero el pescado se asa sobre una cama de verduras.
Siempre hay que tener en cuenta que esas verduras se han de cocinar previamente, ya que tardan mucho más tiempo en asarse que el pescado.
Las puedes cocinar en el propio horno, sofreírlas en la sartén o hacerlas al vapor.
Y puedes usar todas las verduras que te apetezca, las que más te gusten y haciendo las combinaciones que quieras. Cuanta más verdura, más completo tu plato.
Si has sofreído tus verduras en la sartén, puede que el plato ya tenga aceite suficiente y no haga falta echarle refrito como en la receta anterior. Pero si ves que se ha quedado un poco corto, le echas un pequeño refrito y ya está.

Ingredientes

- 1 gallo de san Pedro de 2 kg aproximadamente o 4 de medio kilo cada uno. Limpios de vísceras y con cabeza
- Aceite de oliva virgen extra
- 2 patatas medianas cortadas finas y sin piel
- 1 brócoli mediano
- 1 taza de col lombarda cortada en juliana
- Medio pimiento rojo
- 1 pimiento amarillo
- 1 pimiento verde
- 1 cebolla grande cortada en juliana fina
- 4 dientes de ajo
- Vinagre.

Elaboración

1. Precalienta el horno a 190 °C.

2. Prepara en una fuente de horno la verdura con sal y regada de aceite.

3. Introdúcela en el horno bajando la temperatura a 180 °C y déjalo asar unos 20 minutos removiendo de vez en cuando. Mete primero la verdura que más tiempo necesite como la patata, la cebolla y los pimientos y luego agrega el brócoli. Añade la lombarda a última hora.

4. Mientras, limpia, sala y unta con aceite el *muxumartin* (gallo de san Pedro) y corta los dientes de ajo.

5. Cuando se haya cocinado la verdura coloca sobre ella el pescado.

6. El tiempo de ECHAR UN VISTAZO para un *muxumartin* grande será aproximadamente de unos 15 minutos y el de 4 más pequeños de unos 12 minutos.

Si es necesario se vuelve a meter unos minutos más. Ya sabes.

• Guindilla cayena (opcional)
• Perejil picado para el adorno final (opcional)
• Sal y pimienta.

7. A continuación, haces el refrito (si has decidido hacerlo) en una sartén con el aceite, los ajos en láminas y la cayena al gusto. Lo viertes sobre el pescado. Echas un chorro de vinagre sobre la mezcla y ¡a comer!, que no se enfríe.

Puedes espolvorear un poco de perejil por encima para adornar el plato.

TRUCO: Esta receta la puedes elaborar también en la freidora de aire. Si te molestan las espinas en el plato puedes hacerla con el *muxumartin* fileteado, de ese modo no encontrarás raspas que separar.

Sea cual sea tu opción, cocina el *muxumartin* siempre con piel. Recuerda que esta protege la carne del pescado de la acción del calor y te aporta nutrientes extra.

Además, la piel del *muxumartin*, aunque en crudo parezca gruesa, una vez cocinada se torna más fina y es suave para comer. Si aun así no te gusta, la puedes retirar fácilmente cuando el pescado esté asado.

Otros pescados para esta receta: todos los pescados blancos o azules de cierto tamaño (a partir de tamaño de ración).

Sorpresas de rodaballo

 1 h  4  Lomos con piel

Esta receta es fácil y muy lucida, te la recomiendo si tienes invitados porque vas a sorprender y, además, la puedes dejar preparada con antelación.
Se trata de hacer un envoltorio con verduras y pescado. Ese envoltorio puede ser de hojas de vegetales, como las hojas de plátano o de hojas de papel de hornear. El pescado se cocinará dentro del envoltorio al vapor en sus propios jugos y en los de los vegetales que lo acompañen. Una receta sanísima en todos los sentidos, rica en nutrientes, fitoquímicos y baja en grasa. Digestiva y divertida.

Ingredientes

- 2 rodaballos de 1 kg cada uno en lomos (guardar los esqueletos para otras ocasiones)
- Aceite de oliva virgen
- 2 dientes de ajo
- 1 pimiento rojo
- 1 pimiento verde
- 1,5 cebolla
- 2 zanahorias
- 1 calabacín
- ½ brócoli
- Sal y pimienta
- 4 hojas de papel para hornear.

Elaboración

1. Corta finamente todas las verduras y las pones a pochar por orden en una cazuela grande. Primero los pimientos, las zanahorias, las cebollas y por último el calabacín y el brócoli. Salpimentando al gusto.

2. Precalienta el horno a 180 °C.

3. Prepara las cuatro hojas de papel y cuando las verduras estén cocinadas pones una porción sobre cada hoja. Encima de ellas colocas los lomos de rodaballo (2 por comensal) previamente limpios y salados. Y los cubres con otro puñado de verduras.

4. Cierras el paquete con la hoja de papel y los introduces al horno.

5. El tiempo de ECHAR UN VISTAZO a este conjunto será de 9 minutos.

6. Cuando compruebes que ya está hecho el pescado sacas a cada comensal un paquete en su plato. Que cada cual abra su sorpresa. ¡Hasta les puedes poner lazo y una dedicatoria!

TRUCO: Esta receta se puede hacer también con el rodaballo en rodajas con hueso. El tiempo de horneado en ese caso será mayor.

Prepara esta receta con tus hijos, les va a encantar hacerla, servirla y comerla.

¿Te imaginas las sorpresas de sardinas (sin escamas, tripas ni cabeza)? ¡De alucinar!

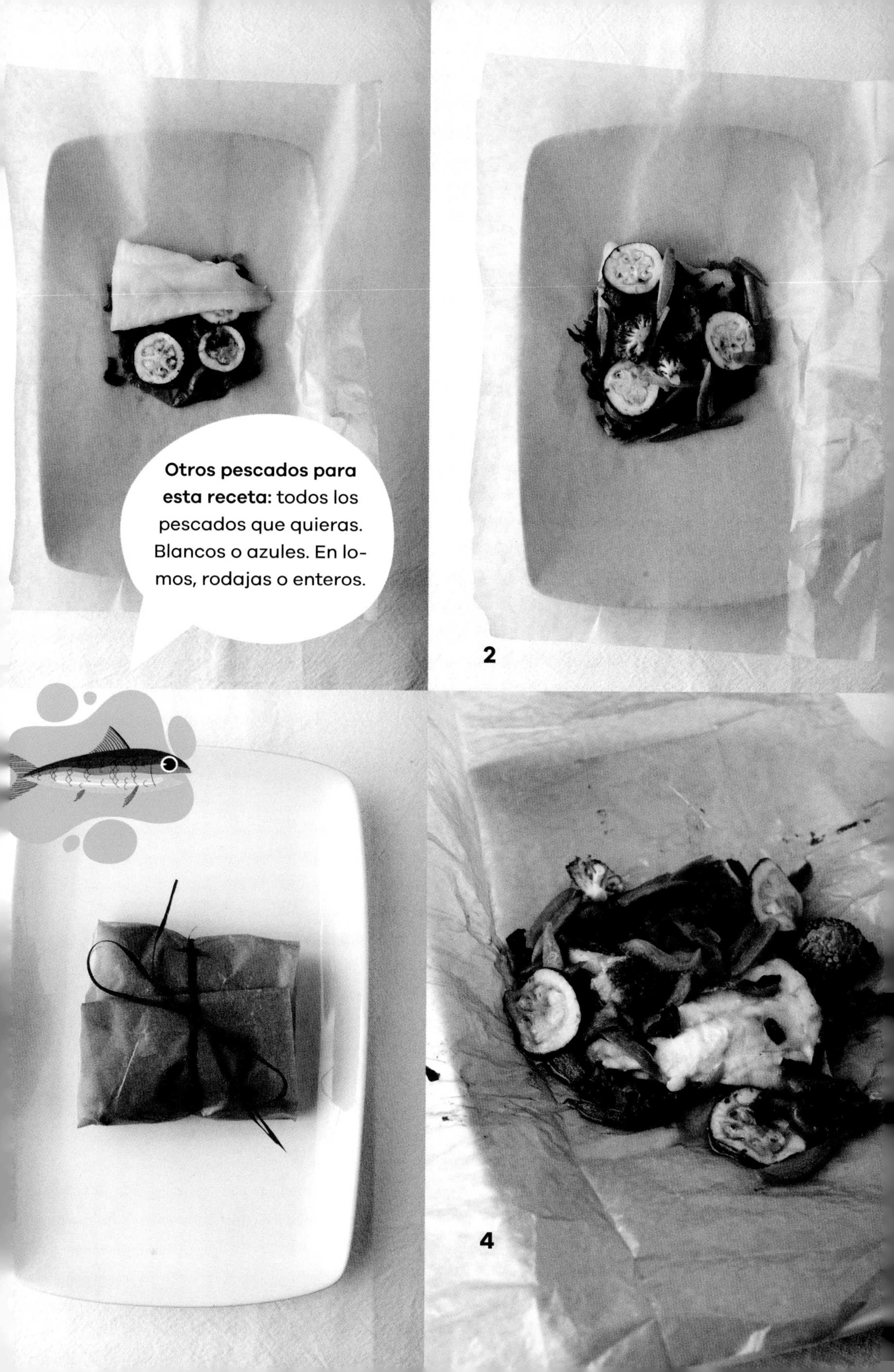
Otros pescados para esta receta: todos los pescados que quieras. Blancos o azules. En lomos, rodajas o enteros.
2
4

Merluza a la plancha

Esta es una de las recetas con menos ingredientes del libro. No la he acompañado de ningún tipo de guarnición para dar protagonismo al pescado a la plancha en sí, que no requiere nada más. Un buen pescado y bien hecho en una buena plancha es un manjar en sí mismo. Pero puedes completar tu plato con todo tipo de acompañamiento: verduras salteadas o al vapor, ensaladas o cereales.

Ingredientes

- 2 lomos de merluza, una por comensal
- 2 dientes de ajo en láminas
- Aceite de oliva virgen extra
- Sal.

Elaboración

1. Corta los dientes de ajo y reserva.

2. Seca muy bien los lomos de merluza con un trapo, sálalos y reserva sobre un plato seco.

3. Fríe los ajos en una pequeña sartén a fuego suave hasta que se doren. Resérvalos y reserva el aceite.

4. Pon la plancha a fuego suave untada con un poco del aceite de freír los ajos, unos tres minutos, para que se vaya calentando poco a poco.

5. Pincela los lomos de merluza también con ese aceite.

6. Sube el fuego de la plancha de suave a medio y cuando observes que esté caliente coloca los lomos de merluza sobre ella con el lado de la piel hacia abajo.

7. Deja que se hagan 3 minutos a ese lado sin moverlos. Y si ves que se levantan o despegan, aprietas suavemente con una espátula o con la mano para que se acerquen a la plancha.

8. Al cabo de ese tiempo les das la vuelta, si es necesario vuelves a untar la plancha con aceite y los dejas hacerse de nuevo otros tres minutos por ese lado y ya estarán listos.

9. Para adornar el plato puedes espolvorear perejil picado por encima y acompañar con los ajos fritos.

TRUCO: Si te gusta el pescado a la plancha poco hecho o muy justo, congélalo previamente. Un pescado a la plancha poco hecho no alcanza los 60 °C en el interior de la pieza.

En los más trozos grandes es importantehacer cortes en la piel. Recuerda las recomendaciones para cocinar a la plancha del capítulo 5.

Otros pescados para esta receta: todo tipo de pescados se pueden elaborar a la plancha. Todos. Aunque es preferible que sus cortes no sean gruesos, mejor lomos o rodajas más bien finas, para que se hagan bien por dentro.
1

Congrio en salsa verde

 40 min  3  Rodajas con hueso

La salsa verde es un icono de la cocina vasca, en especial la merluza en salsa verde.
Hay muchas maneras de elaborarla, tantas como manos en la cocina. Te voy a mostrar aquí una muy sencilla, mi único propósito es que sea fácil de realizar para que te animes a cocinarla.
En el capítulo 5 están explicados los fundamentos de la salsa verde; te puede ilustrar leerlos antes de comenzar.
He elegido para esta receta un pescado no demasiado popular, pero que hace una salsa verde contundente, el congrio. Lo he hecho a modo de homenaje a las tierras castellanas, donde están parte de mis orígenes y sé que lo consumen con asiduidad; en especial está dedicada al pueblo de Torquemada.

Ingredientes

- 3 rodajas de congrio, de la parte abierta
- 1 patata mediana
- Aceite de oliva virgen extra (3 cucharadas)
- 2 dientes de ajo cortados en láminas
- ½ litro de fumet de pescado (lo puedes elaborar con una rodaja cerrada de congrio)
- ½ cucharada de harina de trigo (o la opción que elijas)
- 1 guindilla cayena (opcional)
- Perejil picado
- Sal.

Elaboración

1. Lo primero que tienes que hacer es elaborar el fumet o fondo con el que vas a hacer la salsa (tienes la receta más adelante). Si lo tienes ya preparado o congelado, genial, y si no lo tienes y tampoco tienes la posibilidad de hacerlo, pues le echas agua a la receta. No pasa nada, simplemente que quedará más pobre en sabor y nutrientes.

2. Cuece la patata entera y sin pelar (lo puedes hacer en el propio fumet).

3. En la cazuela en la que vayas a preparar la receta echas 3 cucharadas de aceite y fríes los ajos en láminas hasta que se doren, sin llegar a quemar. Los sacas y los reservas.

4. En ese aceite echas la harina y, a fuego medio, la vas ligando poco a poco mientras añades el fumet caliente colado. Es probable que tengas que echar caldo varias veces, hasta que la harina se haya deshecho en él, y notes que tienes una salsa gorda homogénea que va hirviendo. En ese momento le añades una cucharada de perejil picado y dejas que cueza con suavidad unos cinco minutos.

5. Transcurrido ese tiempo introduces las rodajas de congrio a la cazuela donde se cocinan a fuego suave

unos 5 minutos por cada lado aproximadamente. Ten cerca el fumet caliente porque es muy probable que necesites incorporar más a la cazuela, cuya salsa irá engordando poco a poco. Tú mismo vas a ver si la salsa necesita más caldo o no.

En los últimos 5 minutos introduces la patata cocida pelada y en rodajas para que se vaya impregnando de los sabores de la salsa. Y la cayena partida en dos, si se la vas a echar.

6. Durante el proceso de cocinado, y con la intención de que el pescado suelte su gelatina y engorde la salsa, de vez en cuando, has de menear la cazuela con suaves y a la vez vigorosos movimientos de vaivén. Cuanto más la muevas, más engordará la salsa; hazlo con cuidado para no romper el pescado ni las patatas.

7. Vigila todo el tiempo que no se te pegue y comprueba si necesita más caldo.

8. Cuando ya esté todo cocinado y listo para llevar la cazuela a la mesa, espolvoreas de nuevo un poco de perejil fresco picado, añades los ajos fritos que tienes reservados y decoras con una hoja de perejil.

¡Buen provecho!

*** También se puede hacer con merluza.**

TRUCO: Hemos preparado la opción más sencilla del pescado en salsa verde a la que puedes añadir multitud de complementos como huevo cocido, puntas de espárragos, guisantes, almejas, berberechos, gambas o langostinos entre otras. Lo que tengas en casa ese día o lo que más te guste. Así, cada vez, tu receta será diferente.

Si quieres, puedes sellar el pescado en una sartén antes de introducirlo en la salsa. Te quedará más dorado y compacto.

También puedes hacer esta receta sin la patata, te saltas los pasos donde se cocina y punto.

Si a tus comensales les cuesta comer con espinas, sustituye el pescado en rodajas por pescado en lomos sin espinas. Se come muy fácil y muy a gusto. El tiempo de cocinado del pescado en lomos será algo menor.

Con el reposo la salsa tiende a engordar. Si has preparado tu cazuela con antelación, ten a mano el fumet porque quizás necesites echarle algo a la hora de calentarlo.

Otros pescados para esta receta: quedan especialmente ricos en salsa verde pescados blancos como la *lotxa*, merluza, rape, faneca, raya y bacalao entre otros. Los puedes utilizar en rodajas o en lomos sin huesos.

Bacalao a los dos pimientos

40 min
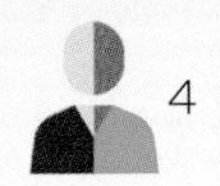
4

Lomos con piel

Otra receta superfácil y vistosa. Ideal si te apetece sorprender. Además, está muy rica. Yo te la presento aquí con las dos salsas en el mismo plato, pero tú también la puedes realizar con una de ellas solamente Ya tiene en sí carácter y enjundia.

Cuando hablo de bacalao en este libro me estoy refiriendo todo el tiempo al bacalao fresco, pero estas recetas también se pueden elaborar con bacalao seco, solamente que tienes que tener cuidado en desalarlo correctamente.

Ingredientes

- 1 kg de bacalao en lomos con piel. Guarda el hueso
- 4 cebollas grandes
- 4 pimientos verdes
- 10 pimientos del piquillo
- 4 dientes de ajo
- 50 g de nata para cocinar
- Aceite de oliva virgen extra
- Sal y pimienta.

Elaboración

1. La elaboración de este plato es bien sencilla. Primero se preparan las dos salsas y una vez que las tienes hechas añades el bacalao.

2. Las dos salsas:

-Pones a cocer en poca agua (justo que lo cubra), el hueso del bacalao y lo que hayas quitado al limpiar las cebollas. Le echas sal y dejas que hierva 5 minutos.

-Pica las cebollas, los ajos y los pimientos verdes. No importa el tamaño, lo vamos a triturar después.

-En una cazuela pones a pochar la mitad de la cebolla y de los ajos junto con los pimientos verdes, sal y pimienta.

-En otra cazuela pones a pochar lo mismo, pero esta vez sustituyes el pimiento verde por los pimientos rojos y los echas cuando la cebolla y los ajos estén bien pochados.

-Si ves que en algún momento las cazuelas se van quedando secas, les vas añadiendo el caldo que has hecho con el hueso del bacalao.

-Cuando esté todo bien pochado añades la nata a la cazuela de los pimientos verdes y dejas que hierva un par de minutos más. La salsa de pimientos rojos no requiere nata, pero si deseas también se la puedes echar.

-Lo pasas todo por la batidora. Si ves que alguna de las salsas ha quedado demasiado espesa, le agregas caldo hasta que quede a tu gusto.

-Corriges de sal y pimienta si es necesario.

-Y ya tienes tus dos salsas de colores intensos y sabores muy diferentes.

3. Ahora solo queda cocinar el bacalao. Tienes tres opciones:

-Lo introduces directamente en la salsa deseada y que se cocine ahí en cinco minutos a fuego medio;

-Lo sellas en la plancha y luego lo introduces en la salsa. También lo dejas 5 minutos para que se cocine;

-Lo haces a la plancha o al horno y presentas las dos salsas de acompañamiento, como ilustra la fotografía.

Las tres maneras están muy bien, aunque la primera es la más fácil y sencilla.

4. Eso sí, prepara pan, no vas a poder dejar de untar.

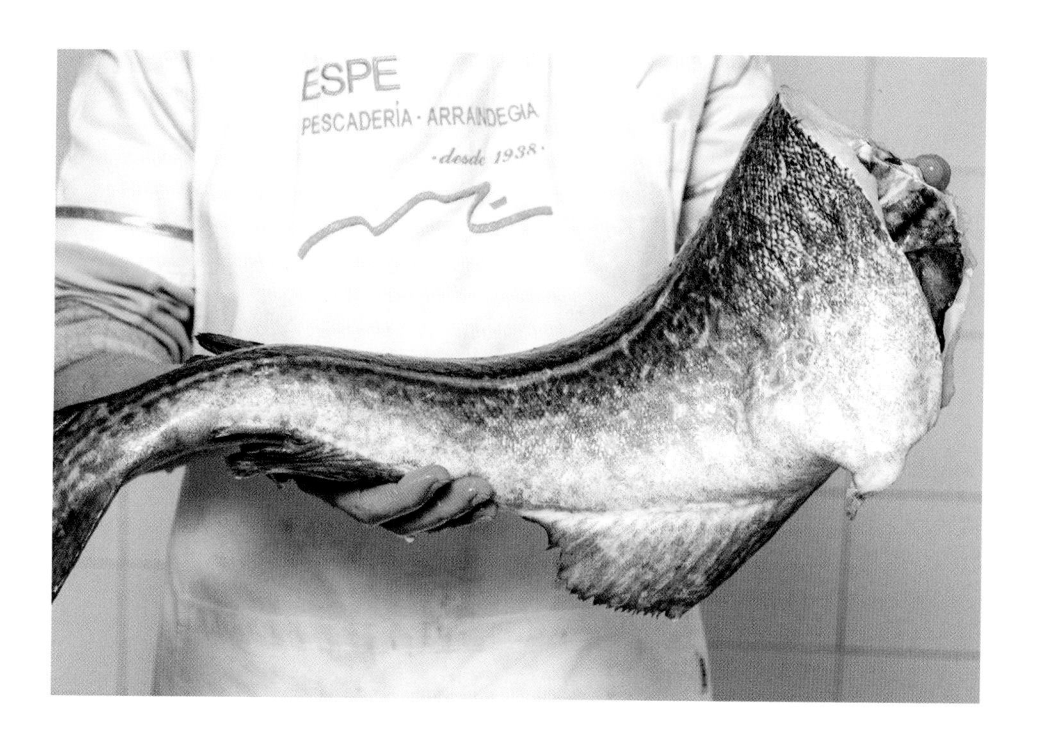

TRUCO: Si por el motivo que sea no deseas agregar nata a la salsa, puedes sustituirla por algo más de caldo.

Si quieres sorprender con esta receta, juega con tu vajilla, cazuelitas, salseras... todo viste.

Puedes ampliar el repertorio de tus salsas de pimientos realizando una tercera con pimientos amarillos.

Si te sobran salsas las puedes congelar para otras ocasiones.

Otra opción de presentación de esta receta es servir a cada comensal en su plato únicamente su pescado ya cocinado. Y poner salseras en la mesa con las salsas bien calientes para que cada uno se eche la que más le apetezca.

Otros pescados para esta receta: faneca, abadejo, liba, merluza, *lotxa*, rape, bonito, atún, gallo, platusa, verdel y *txitxarro* en lomos.

Verdel encebollado

20 min

2

Lomos con piel

Me encanta esta receta por lo sencilla que es y porque supone una manera fácil de comer ese tipo de pescados azules tan sanos como el verdel (caballa), el *txitxarro* (jurel) o la *makaela* (estornino) y que muchas veces no se nos ocurre cómo cocinar. Se prepara en un periquete y el pescado en cuestión se cocina en sus propios jugos junto con los de la cebolla. Queda también especialmente rica con salmonetes grandes en lomos.

Ingredientes

- 2 verdeles de ración en lomos
- 3 cebollas cortadas en juliana
- 2 dientes de ajo en rodajas
- Aceite de oliva virgen extra
- Sal
- Pimienta.

Elaboración

1. Salas los lomos de verdel.

2. Pones a pochar las cebollas y los ajos en una sartén con aceite y sal.

3. Remueve de vez en cuando para que no se te peguen; si ves que lo necesita, le echas un poco de agua.

4. Cuando ya esté todo pochado a tu gusto, retiras la mitad de la cebolla a un plato. Sobre la otra mitad que queda en la sartén colocas los lomos de verdel y los tapas con el refrito que has retirado al plato.

5. Colocas una tapa y calientas la sartén a fuego medio 5 minutos.

6. En ese tiempo los lomos de verdel se han cocinado al vapor de la cebolla.

7. Sirves 2 lomos a cada comensal envueltos en la cebolla y espolvoreas un poco de perejil en el plato a modo de adorno.

¡Que aproveche!

TRUCO: Este plato es fuente de ácidos grasos omega 3, vitamina C y D.

Faneca en piperrada

Entero sin cabeza

Esta receta no es un pescado a la plancha acompañado de un sofrito de pimientos, no. Esta receta consiste en un pescado cocinado dentro de esos pimientos. Y aunque el resultado pueda parecer el mismo no es igual, porque cocinar el pescado dentro de las verduras es como cocinarlo al vapor de los jugos de las verduras y del propio pescado.
El resultado es un pescado muy sabroso y un plato sano y muy fácil de elaborar para el que solo vas a necesitar una sartén y una tabla de cortar.
He elegido la faneca para este plato porque es un pescado tan suave que se impregna fácilmente de los sabores de las verduras y el resultado es fabuloso.
Yo lo he puesto entero, para los amantes del rechupeteo, pero si te molestan las espinas te propongo que lo prepares con las fanecas en filetes, te va a encantar.

Ingredientes

- 2 fanecas pequeñas enteras sin cabezas ni tripas
- ½ pimiento rojo morrón
- 1 pimiento verde grande
- 1 pimiento amarillo
- 2 dientes de ajo
- Aceite de oliva virgen extra
- Sal
- Pimienta.

Elaboración

1. Corta los pimientos y el ajo en tiras finas.
2. Pones todo a freír a fuego medio en una sartén con 4 cucharadas de aceite, sal y pimienta. Vigila de cerca la sartén, suele tender a quemarse.
3. Mientras, limpias, secas y salas las fanecas.
4. Cuando estén fritos a tu gusto, sacas los pimientos a un plato dejando el aceite en la sartén.
5. En ese aceite fríes las fanecas brevemente, medio minuto por cada lado, y viertes sobre ellas los pimientos fritos de modo que envuelvan completamente a las fanecas.
6. Dejas que se hagan a fuego suave, sin dejar que se peguen, durante cinco minutos.
7. Y ya está. Emplatas las fanecas con los pimientos, corriges de sal y pimienta y listo.

TRUCO: Los pimientos aportan a este plato fibra y vitamina C y la faneca proteína de alto valor biológico y fósforo.

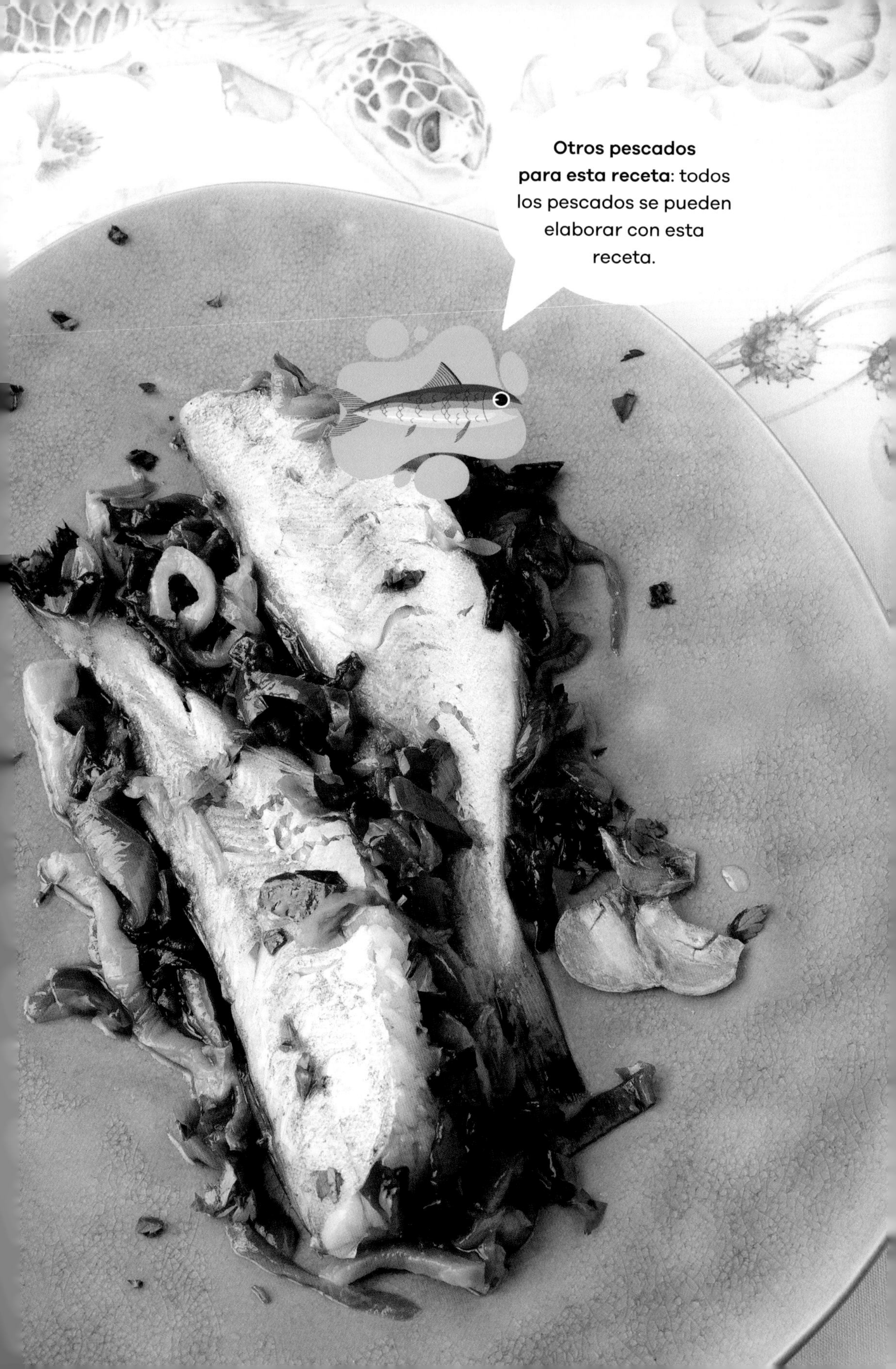
Otros pescados para esta receta: todos los pescados se pueden elaborar con esta receta.

Suprema de bacalao al vapor con verduras

 20 min  2  Lomos con piel

En esta receta, pobre en grasa, degustarás el sabor de las verduras y del bacalao en toda su esencia.
Recuerda que en el capítulo 5 está descrito a detalle cómo cocinar un pescado al vapor. Es interesante que lo leas si vas a realizar esta receta por primera vez.
El pescado, al igual que las verduras, al vapor se cocina en muy pocos minutos, mucho antes de lo que parece.

Ingredientes

- Las verduras que más te gusten para acompañar al pescado como, por ejemplo, brócoli, coliflor, coles, romanesco o zanahoria
- Tomates cherry
- Aceite de oliva virgen extra
- Sal en escamas
- Pimienta
- Unos brotes para decorar.

Elaboración

1. Preparas la vaporera con agua.

2. Cuando llegue al punto de ebullición, bajas el fuego y dejas que hierva, pero muy suavemente, es el vapor el que cocina los alimentos.

3. Colocas el cesto sobre la cazuela y te aseguras de que el agua no llegue a tocar los alimentos ni el cesto. Si llega, retiras parte del agua.

4. Allí colocas las verduras por orden de dureza. Las que más tardan en hacerse las primeras, y las menos duras después.

5. Una vez que estén las verduras cocidas, las retiras y reservas. Y colocas en la vaporera el trozo de bacalao con la piel hacia abajo.

6. Encajas bien la tapa de la cazuela para que no haya fugas de vapor y dejas que siga el agua hirviendo suavemente a fuego medio.

7. Una tajada de bacalao como la de la fotografía tardará en cocinarse al vapor unos 4 minutos. Pero eso es un tiempo muy orientativo, así que lo mejor es que vigiles tu pescado a partir de los 3 minutos.

Si estás cocinando filetes más delgados estarán hechos en 2 minutos aproximadamente.

Y si lo cocinas sobre una cama de verduras, el tiempo será un poco más largo, alrededor de dos minutos más (recuerda hacer las verduras previamente, tardan más que el pescado en cocerse).

8. Cuando veas que está hecho lo emplatas en una bandeja junto con las verduras cocidas y los cherry. Lo aliñas con aceite crudo y sal en escamas y a disfrutarlo.

TRUCO: Plato superlimpio y digestivo. No se ha utilizado nada de aceite en su elaboración, solo para su aliño, y además en crudo.

Este plato es ideal para personas con digestiones difíciles o estómagos delicados, y un disfrute para las que les gusta el sabor auténtico de los alimentos, sin adornos de ningún tipo.

Puedes darle un toque especial al plato aromatizando el agua con restos de verduras, hierbas aromáticas o especias.

Otros pescados para esta receta: cualquier pescado se puede cocinar al vapor. Lo puedes hacer en lomos o piezas enteras, y, en función del grosor, tardará más o menos tiempo.

Raya a la gallega

 20 min  2  Alas de raya sin pieles

Esta receta se cocina sin gota de aceite, este solo se utiliza en el aliño.
Las alas de raya no tienen huesos ni espinas, solo una fila horizontal de cartílagos en su interior que se separa fácilmente de la carne con un tenedor y un cuchillo una vez que la raya está cocida.

Ingredientes

- 1 cebolleta entera
- 1 patata grande entera y pelada
- 1 puerro partido en 3
- 1 ala de raya de tamaño mediano por comensal
- Aceite de oliva virgen extra
- Sal
- Pimentón dulce o picante, al gusto.

Elaboración

1. Pon en una cazuela agua con sal y cuando empiece a hervir introduce la patata, la cebolla y el puerro.

2. Deja que hierva y una vez que las verduras están casi cocidas mete la raya.

3. Deja que cueza el conjunto unos 5 minutos más. Y, probablemente, ya esté la raya cocinada, dependerá, como siempre, de su tamaño.

Sabrás que la raya está cocida cuando puedas separar con facilidad la carne de los cartílagos.

4. Saca las verduras y el pescado a escurrir en un colador y emplátalo enseguida para que no se enfríe.

5. En una bandeja hermosa colocas la patata cortada en rodajas, la cebolla y el puerro. Y lo aliñas con un poco de aceite y sal.

Después pones las alas de raya encima, y las riegas también con el aceite, la sal y el pimentón al gusto.

6. ¡Y ya está! Plato fácil, rico, sabroso, nutritivo y limpio. Proteínas de alto valor biológico, minerales, vitaminas, fitonutrientes de las verduras y el pimentón. ¡Qué más se puede pedir!

TRUCO: El aliño final lo puedes hacer también con un refrito de ajos o con mahonesa o alioli caseros. De todas formas está muy rico.

Hay a quien le gusta también echar un chorro de vinagre al final de esta receta, eso es ya cuestión de gustos, así que cada uno que se lo eche, si quiere, en su propio plato.

Otros pescados para esta receta: esta receta queda especialmente rica con pescados blancos como el rape, la merluza, el bacalao o la faneca.

La sopa de pescado de mi madre

 1,5 h

 6

 En lomos, separando espinas de la carne y reservando todas las espinas, huesos y cabezas

Esta sopa no es solo la sopa de mi madre, es también la sopa de mi abuela, la que nos ha alimentado y calentado a toda la familia toda la vida, la sopa de mi casa. Incluso la sopera de plata que observas en la fotografía del final de la receta es la que hemos usado en casa de mi abuela siempre. Cada generación hemos ido añadiendo modos, ingredientes o maneras, pero la esencia es la misma. Probablemente no sea la mejor de las recetas, pero es la nuestra y es la que te quiero mostrar, abriéndote con ella las puertas de mi casa. Espero que la disfrutes igual que yo.

Ingredientes

- **Espinas y cabezas** de pescados varios para hacer el caldo, lo que tengan en la pescadería ese día.
- **Pescado para la sopa**: lo mejor es dejarse aconsejar por el personal especializado de la pescadería. Muchos pescados son idóneos para hacer una buena sopa, aunque caben destacar por su sabor: el perlón, la *krabarroka*, la *kraba*, el congrio, la *lotxa*, el rape y la merluza. Si se desea, se puede llevar la carne ya separada de las espinas, mucho más cómodo. ¡Se acabaron los tiempos de desmigar y separar espinas!

Elaboración

1. Pon a cocer en una olla grande y con abundante agua: todas las espinas y cabezas del pescado, las cabezas y peladuras de las gambas, los mejillones, los puerros, las zanahorias, el perejil y la cebolla. Añade sal y deja cocer lentamente, al menos media hora, y con la tapa puesta para no perder vitaminas ni minerales.

2. Transcurrido este tiempo cuela el caldo y lo reservas.

3. Del resto del colado separa cuidadosamente los puerros, la cebolla, las zanahorias y la carne de los mejillones, desechando todos los demás despojos a la basura.

4. Coloca en una cazuela grande el aceite y allí se rehogan los dientes de ajo y las verduras que hemos rescatado del caldo picadas, la carne de los mejillones y la carne de pescado sin espinas que teníamos reservado en crudo.

5. Transcurridos unos minutos, añades el pan cortado en rebanadas finas, el vaso de salsa de tomate y la tacita de coñac, dejando que la mezcla cueza 4 minutos más.

6. Después viertes poco a poco el caldo de pescado ya colado. Dejando cocer todo unos 20 minutos a fuego medio y con la tapa puesta.

Así tendremos el pescado limpio por un lado y las cabezas y espinas por otro.

- **Algo de marisco:** por ejemplo, 500 g de mejillones, 200 g de gambas y 400 g. de almejas, aunque la sopa acepta de todo: galeras, chirlas, langostinos, cigalas...
- Agua
- 3 cucharadas de aceite de oliva virgen extra
- 2 puerros
- 2 zanahorias
- 1 cebolla
- Perejil
- 1 pan de sopa pequeño o media barra de pan viejo de casa. El pan se pone para engordar la sopa (en otros tiempos para quitar el hambre). Si se desea hacer una sopa libre de gluten, se puede prescindir de él o sustituirlo por un cereal sin gluten o por un arroz, en cuyo caso yo no lo pasaría por la batidora
- 2 dientes de ajo
- 1 vaso de salsa de tomate, si es casera mejor
- 1 copita de coñac
- Cayena al gusto
- Sal.

7. Por último, pasas todo por la batidora, en el caso de querer una sopa fina y sin tropiezos.

8. A esa sopa resultante le agregas los cuerpos de las gambas, las almejas (que previamente habrás abierto en una cazuela al fuego con un poco de agua) y la guindilla al gusto. Y ya tenemos la sopa, solo queda rectificar de sal.

9. Si la dejamos reposar 24 horas ganará mucho en sabor y textura. Pero también se puede consumir el día de su elaboración o congelarla para otra ocasión, en el congelador no pierde nada.

TRUCO: ¡MUY IMPORTANTE!

La sopa de pescado, a temperatura ambiente, tiende a FERMENTAR. ¡Mucho cuidado!

Da mucha pena, y desazón, tener que tirar por el inodoro todo el trabajo, el cariño y el dinero invertidos. Y solo por no haber tenido cuidado al conservarla.

Una vez elaborada la sopa, hay que reducir su temperatura y conservarla en lugar frío.

Si es invierno y tienes balcón es buena idea sacarla fuera, que se vaya enfriando hasta meterla al frigorífico, pero cuidado con la climatología, que como se levante viento sur... ¡se ha fastidiado!

Otra opción es llenar la fregadera con agua muy fría y sumergir ahí la cazuela con la sopa recién hecha. De ese modo se consigue que baje la temperatura. Y después se mete a refrigerar.

Fondos y fumets básicos

Cuando hablamos coloquialmente de hacer un fumet de pescado nos estamos refiriendo al líquido resultante de cocer verduras con huesos de pescado. Pero técnicamente eso es un fondo.
Un fumet es el caldo resultante de rehogar huesos de pescado, marisco y verduras, cubrirlos de agua y llevarlo a ebullición un buen espacio de tiempo.
Sea cual fuera, en este libro me voy a referir como fumet a cualquiera de las dos composiciones porque es el nombre más habitual con el que lo referimos en nuestro día a día.
En cualquiera de los casos, el caldo resultante es un líquido lleno de sabor, vitaminas y minerales que siempre conviene tener en el congelador como fondo de armario ya que puede hacer que un simple arroz blanco o unas patatas en salsa se conviertan en algo sabroso y contundente.

Ingredientes

- 1 kg de cabezas y espinas de pescados y de mariscos, morralla, partes poco nobles del pescado, pescados de roca. Lo que haya ese día y lo que tengamos a nuestro alcance
- 1 puerro partido en 3
- 1/2 cebolla
- 1 rama de perejil
- Sal y pimienta en grano (3 granos)
- 2 litros de agua aprox.
- 1 cucharada de aceite de oliva virgen extra.

Elaboración

1. Pones a rehogar en una cazuela, con el aceite, las verduras y los huesos de pescado.

(Paso opcional, si quieres puedes poner el pescado y la verdura a cocer directamente en el agua).

2. En otra cazuela pones el agua a calentar.

3. Agregas el agua caliente al rehogado. Lo remueves todo para que se mezcle bien, le añades la sal y las bolas de pimienta.

4. Dejas cocer a fuego lento y con la tapa puesta una hora aproximadamente.

5. Ya lo tienes, lo cuelas y está listo para utilizar o para guardar.

TRUCO: El fumet lo puedes guardar en el frigorífico (3 días) o congelar (3 meses). No olvides poner la fecha en tu envase.

Si tienes prisa lo puedes cocer en menor espacio de tiempo y saltarte el paso 1.

FUMET
26 septembre
2023

Pastel de pescado de mi casa

 1,5 h  6  Lomos con piel

Aquí tienes una manera fácil para elaborar un buen pastel de pescado.
La puedes hacer con un montón de pescados, pregunta en tu pescadería a ver qué tienen ese día y déjate asesorar.
Como ya has visto en el capítulo 3, hay especies que son más aptas que otras por el sabor que aportan como, por ejemplo: la *krabarroka*, la *kraba*, la *lotxa*, el rape, la merluza o el bacalao, pero, en realidad, lo puedes elaborar con muchas más.

Ingredientes

- 350 g en limpio (peso neto) de pescado adecuado para pastel. Sin espinas, pero con piel
- 6 huevos
- 200 ml de salsa de tomate
- 200 ml de nata líquida
- Sal y pimienta
- Mantequilla y pan rallado (para el molde)
- ½ puerro
- 1 zanahoria.

Elaboración

1. Pones a cocer la zanahoria y el puerro en un poco de agua con sal. Cuando lleve unos 5 minutos cociendo metes el pescado, que ya tendrás libre de espinas, lo dejas 1 minuto en ebullición y lo sacas a escurrir.

2. Llena una de las bandejas de tu horno con agua hasta la altura de 2 dedos y lo pones a calentar a 220 °C.

3. En un bol bate los huevos, añade el tomate, la nata, la sal, la pimienta y el pescado cocido y lo mezclas todo bien.

Aquí tienes dos opciones, meterlo así al molde del horno o pasarlo antes por la batidora. Elige la que te guste más, si con tropiezos y notando los trozos de pescado, o sin tropiezos y con textura más suave.

Va por gustos. Si no has hecho nunca ninguna de las dos, haz un día una, otro día otra y sabrás cuál prefieres. El pastel de la foto del final de la receta está pasado por la batidora.

4. Prepara un molde para horno untado con mantequilla y con pan rallado, para que no se pegue y vierte allí la mezcla.

5. Lo metes al horno sobre la bandeja con el agua (baño maría) y lo dejas 1 hora y cuarto a 220 °C. Transcurrido ese tiempo compruebas que esté hecho introduciendo la punta de un cuchillo, si sale limpio es que el pastel ya está cuajado.

6. Lo sacas del horno, lo dejas enfriar y lo desmoldas.

7. Se puede acompañar de una buena mayonesa o salsa rosa casera.

TRUCO: Este pastel dura en el frigorífico 3 días.

También lo puedes congelar una vez hecho, en el mismo molde o envuelto en film transparente.

El primer paso de la receta lo puedes realizar también sofriendo las verduras y el pescado en vez de hervirlo.

Si vas a añadir algo de marisco al pastel, como gambas o cigalas, hazlo directamente antes de introducir la mezcla al horno, y por supuesto limpio de cabezas y pieles. El calor del horno será suficiente para cocinarlo.

El completo con carcajal

 30 min  1  Lomos con piel

El completo es un plato con pescado que tiene todo lo necesario para ser una comida completa. Proteína de pescado, vegetales cocinados, vegetales frescos a modo de ensalada y algo de cereal, en este caso concreto he puesto arroz rojo, pero puedes poner pasta, quinoa o lo que tú quieras. Es el completo plato único de toda la vida.
La idea es servirlo todo en un plato grande individual para cada comensal.

Ingredientes

- 1 carcajal de medio kilo en 2 lomos
- 2 dientes de ajo en rodajas
- Aceite de oliva virgen extra
- Vinagre
- Sal
- Pimienta
- Verduras al gusto: pimientos, patata, brócoli, coles...
- Vegetales para hacer una ensalada, lo que tengas: tomates, lechuga, escarola, lombarda, maíz...
- El cereal que se desee. En este caso arroz rojo.

Elaboración

1. Cueces el arroz y lo reservas.

2. Cueces las verduras al vapor o rehogadas en una sartén o en un wok, y lo reservas.

3. Preparas la ensalada con lo que tengas en casa, la aliñas y la reservas.

4. Cocinas el pescado. En este caso, el carcajal está cocinado a la plancha.

5. Montas el plato con las verduras, el arroz, la ensalada y el pescado.

6. Y a disfrutarlo. Cuantos más colores tenga tu plato, más vitaminas habrá en él.

TRUCO: Este plato es ideal para llevar a un día de playa o a un pícnic.

Recuerda en cierta medida a la caja bento japonesa. Puedes cocinar el pescado como más te apetezca: a la plancha, al vapor, guisado en cualquier salsa, frito o hervido. Y también puedes hacer este plato con pescado marinado o escabechado. Esta receta es ideal para aprovechar pescado que nos haya quedado de la víspera.

Otros pescados para esta receta: se puede hacer con cualquier pescado.

Tortilla de bacalao

 25 min  4  Lomos con piel y sin espinas

La tortilla de bacalao es un plato típico del País Vasco. Es el entrante principal del tradicional menú de sidrería y se encuentra en la carta de muchos restaurantes, merenderos y asadores.
Esta receta la puedes elaborar con bacalao fresco o salado, si optas por la segunda opción lo has de desalar previamente y no debes echar sal durante la elaboración.

Ingredientes

- 400 g de bacalao en trozos
- 8 huevos
- 2 cebollas
- 2 dientes de ajo
- 1 puerro
- Media guindilla cayena
- Un puñado de perejil picado
- Aceite de oliva virgen extra
- Sal
- Pimienta.

Elaboración

1. Pon a calentar en una cazuela un buen chorro de aceite a fuego bajo. Cuando esté templado, coloca sobre él los trozos de bacalao con la piel hacia abajo y déjalo a fuego suave 5 minutos, después le das la vuelta y lo dejas 5 minutos más del otro lado. Apagas el fuego y lo dejas enfriar unos 10 minutos más.

Al confitar o cocinar el bacalao antes de añadirlo a los huevos, elimina el agua de este para evitar que la tortilla salga acuosa.

2. Mientras se enfría el bacalao, lavas, secas y troceas en juliana el puerro y la cebolla. Y picas el ajo en trocitos pequeños.

3. En otra cazuela con aceite pones a pochar las verduras a fuego medio-fuerte. Primero la cebolla, luego el puerro y después el ajo picado. Cocínalo todo durante unos 15 minutos en total, sin dejar de remover para que no se pegue ni se queme. Si quieres, a mitad de cocinado, puedes añadir la guindilla. El objetivo de este pochado es que las verduras se tuesten ligeramente, cambien de color y aparezca un aroma caramelizado. Cuando lo veas hecho, escurre la verdura reservando el aceite.

4. Desmiga el bacalao con las manos, cuidando de no romper en exceso las lascas para que no quede demasiado desmenuzado. Retira la piel.

5. Bate los huevos en un bol, pero no en exceso para no licuarlos. Añade la mezcla caramelizada de las verduras junto con el perejil y remueve. Agrega el bacalao y mézclalo todo bien con cuidado. Corrige de sal y déjalo reposar 2 minutos.

6. Añade a una sartén antiadherente tres o cuatro cucharadas del aceite que has reservado de escurrir las verduras.

7. Cuando esté caliente añade la mezcla del huevo con todo lo demás. Y remueve desde la parte exterior hacia la interior para que la parte central se vaya cuajando poco a poco durante un minuto aproximadamente.

8. Si deseas darle forma oval a la tortilla, cuando la saques al plato y una vez que has apoyado la mitad, vuelcas la sartén haciendo que caiga sobre sí misma la otra mitad restante.

9. Devuélvela a la sartén medio minuto más y sácala. Procura no dejarla al fuego demasiado tiempo para que resulte jugosa.

TRUCO: Si mojas el bol y el plato sobre el que vas a dar la vuelta a la tortilla con agua, no se pegará el huevo.

La guindilla es opcional en esta receta, si no te gusta el picante no la pongas, pero recuerda que por su contenido en capsaicina puede facilitar tu digestión.

Si andas justo de tiempo también puedes hacer esta tortilla con bacalao desmigado y saltarte el paso 1.

Revuelto de antxoas

20 min

4

Filetes de *antxoa* en trozos sin espinas

Aunque se trata de un plato con enjundia en sí mismo, el revuelto de anchoas se utiliza muchas veces como receta de aprovechamiento. Unas anchoas fritas que quedan en la bandeja y nadie ha podido terminar se convierten al día siguiente en un suculento segundo plato digno de un aplauso.

¡Qué rico es un revuelto de *antxoas* recién hecho, calentito, con su toque picante y el huevo cuajado! Y si lo pones sobre una tostada de buen pan no hay quien lo iguale.

Además, como siempre, plato sano y fácil, ¿qué más se puede pedir?

Ingredientes

- 600 g de *antxoas* (peso bruto) en lomos libres de espinas y cortados en trozos pequeños
- 2 dientes de ajo picados en láminas finas
- 1 cebolleta pequeña picada finamente
- Aceite de oliva virgen extra
- Sal
- Perejil picado
- 1 guindilla cayena (opcional)
- 8 huevos.

Elaboración

1. Corta los lomos de *antxoa* en trozos pequeños, sécalos, sálalos y resérvalos.

2. Pon en una sartén la cebolleta picada finamente a pochar, cuando esté tierna agregas el ajo y la guindilla partida en dos. A los tres minutos añades las *antxoas* troceadas y rectificas de sal. Déjalo al fuego solo medio minuto.

3. En un bol grande bate los huevos y añades el perejil picado y sal.

4. Vierte el contenido del bol sobre la sartén, subes el fuego para que se cuaje rápido y revuelves todo bien. No le tienes que dar forma. Recuerda, no es una tortilla, es un revuelto.

5. Puedes emplatar sobre una bandeja o sobre una rebanada de pan recién tostado como en la foto. También te lo puedes comer en bocadillo.

6. *On egin!*

TRUCO: Si vas a utilizar *antxoas* que ya tenías fritas, las viertes al huevo directamente, para que no se hagan de más (siempre sin espinas y en trozos pequeños).

Si no tienes cebolleta puedes prescindir de ella en esta receta, no pasa nada.

Tortilla de verdel

Cubos sin espinas

Esta tortilla es un sugerente guiño a la cocina tradicional de mercado.
Con mínimos ingredientes, todos de alta calidad, conseguimos un excelente plato proteico rico en omega 3 y vitamina D.
Además de darle un gusto a nuestro paladar, es una excelente manera de introducir el verdel en las mentes más reacias a consumirlo.

Ingredientes

- 3 verdeles deslomados. Y cada lomo cortado en cubos pequeños del tamaño de un garbanzo. Sin espinas
- 8 huevos
- 1 cebolleta picada finamente
- 2 dientes de ajo en láminas
- Aceite de oliva virgen extra
- Sal
- Pimienta
- Perejil
- 1 cayena.

Elaboración

1. Preparas los dados de verdel bien secos, los salpimentas y los reservas.

2. Pones en una sartén 3 cucharadas de aceite y ahí pochas la cebolleta durante 5 minutos a fuego suave y con sal. Luego añades los ajos, la cayena partida en dos y lo dejas 3 minutos más.

3. A continuación, retiras la cayena y añades los dados de verdel. Los cocinas a fuego vivo durante 1 minuto moviendo para que se hagan bien todos y que no se quemen. Reservas.

4. Bate los huevos en un recipiente grande. Añades el perejil picado y toda la mezcla de la sartén. Mueves bien para que se mezcle todo correctamente.

5. Dejas reposar el conjunto 3 minutos y corriges de sal si fuera necesario.

6. A continuación, haces la tortilla. Pones una cucharada de aceite en la sartén y cuando esté caliente, echas la mezcla.

7. La dejas cuajar, pero que no se haga demasiado, te quedará más jugosa. Le vas dando vueltas hasta que consigas una forma ovalada. Y ya tienes tu tortilla.

8. ¡Que aproveche!

TRUCO: La capsaicina de la cayena estimula la digestión.

Antxoas en vinagre

Preparación 30 min
Marinado 2 h
Congelación 5 días

4

Abiertas en mariposa

Receta de las recetas por excelencia. Es una preparación que gusta a muchas personas y pocas se atreven a elaborarla temerosas de su complejidad. Y nada más lejos de la realidad. Aquí te muestro un modo muy fácil, sencillo y seguro de prepararla.

Ingredientes

- 1 kg de *antxoas* (peso bruto) abiertas en mariposa
- 1 vaso grande de vinagre de vino
- ¼ de vaso grande de agua
- 1 cuchara sopera colmada de sal
- Aceite de oliva virgen extra
- Ajo finamente cortado
- Perejil finamente cortado
- Hielos
- Sal.

Elaboración

1. Sumerge las *antxoas*, ya abiertas, en agua muy fría con sal y hielo durante unos 5 minutos.

2. Mezcla enérgicamente el vaso de vinagre con el agua y con la cucharada de sal hasta que esta se haya diluido del todo (esto se hace fácilmente en un bote de cristal cerrado).

3. Vierte la mezcla en un recipiente ancho con tapa (tipo táper de cristal) y ve introduciendo las *antxoas*, que tienes aún en el agua, una por una con la piel hacia abajo. Estas bajarán flotando suavemente hasta el fondo del envase. Al colocar las siguientes capas has de asegurarte de que cada *antxoa* esté, en su totalidad, en contacto con el líquido, que es el que se va a encargar de macerarla. Si ves que no te llega la mezcla para todas las *antxoas*, haz más. Lo más importante es que estén bien sumergidas todas en la mezcla.

4. Pones la tapa y lo guardas en el frigorífico durante 2 horas (si te descuidas y lo dejas más tiempo no pasa nada, simplemente quedarán con más sabor a vinagre). Vas a ver cómo empiezan a ponerse blancas enseguida.

5. Transcurridas las dos horas, sacas las *antxoas* de la mezcla. Para quitar el exceso de salmuera pásalas una por una por el grifo, pero ¡ojo! por un hilo muy fino de agua y por un breve espacio de tiempo.

6. Luego las dejas escurrir muy bien y las vas introduciendo en el recipiente donde las conservarás del siguiente modo:

Pones una capa de *antxoas*, le echas los ajos y el perejil picados y lo riegas con el aceite. Luego pones la segunda capa, y detrás de ella de nuevo el aliño, y así hasta terminar las *antxoas*. Lo importante aquí es que todos los pescados estén bien regados por el aliño y que no se peguen unos a otros por no poner suficiente mezcla en medio.

7. Una vez has terminado, le pones la tapa, le pones la fecha y lo guardas en el congelador durante 5 días. (Si lo quieres dejar más tiempo no pasa nada, recuerda los tiempos de congelado del pescado azul del capítulo 4).

8. Después lo dejas descongelar en el frigorífico respetando la cadena del frío. ¡Y a comer!

9. Esta preparación es ideal para tenerla en el frigorífico e ir consumiéndola cuando te apetezca: de picoteo, merienda o aperitivo.

Bien cubiertas de aceite y en la nevera, estas *antxoas* las puedes guardar durante, al menos, una semana.

TRUCO: Un juego;

Vuelve al capítulo 5 y busca la explicación acerca de los marinados y escabeches.

Encontrarás una foto sobre la que te pido que te fijes. Esa foto corresponde a esta misma receta, pero hay una pequeña diferencia, solo una, fíjate bien, a ver si la descubres.

¡Efectivamente! ¡Enhorabuena! ¡Lo has acertado! SON SARDINAS.

Ahí donde las ves son exquisitas sardinas preparadas con esta misma receta. Anímate a cocinarlas así, te van a sorprender y te van a encantar (al menos a mí me fascinan).

Si el ajo te sienta mal o no te gusta puedes sustituirlo por cebolleta muy picadita.

Puedes meter al congelador raciones más pequeñas para sacar justo lo que necesites cada día.

Otros pescados para esta receta: verdel, *makaela*, *akulas* (pez aguja) y sardinas.

Verdel marinado

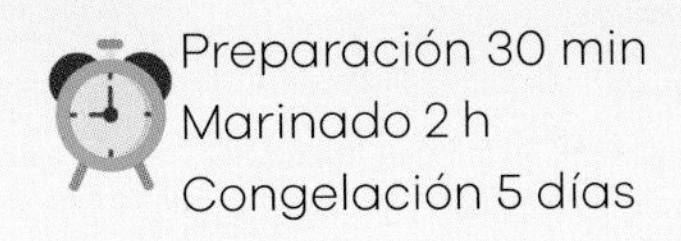

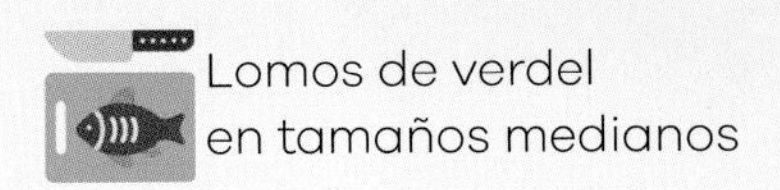

Esta receta es prácticamente igual que la anterior, la de las *antxoas*, pero he querido presentarla aquí para que, especialmente viendo la foto, te puedas hacer a la idea de lo fantástico que está el verdel cocinado de este modo. Anímate a prepararla, una vez más, se trata de una presentación fácil y muy sana.

Ingredientes

- 1,5 kg de verdel (en bruto) preparado en lomos tamaño medio y sin ninguna espina
- 1 vaso grande de vinagre de vino
- ¼ vaso grande de agua
- 1 cuchara sopera colmada de sal
- Aceite de oliva virgen extra
- Ajo finamente picado
- Perejil finamente picado.

Elaboración

1. Prepara los verdeles. Si los has traído ya en lomos de la pescadería, asegúrate de quitarles todas las espinas. Esto lo harás muy fácil con una pinza. Una vez libres de todas ellas, sobre una tabla, trocea cada lomo en pedazos más o menos de bocado y los reservas.

2. Mezcla enérgicamente el vinagre con el agua y con la sal hasta que esta se haya diluido del todo.

3. En esa mezcla sumerges los trozos de verdel durante 2 horas. Asegurándote de que todos ellos están en contacto con la salmuera y no pegados entre sí. Verás que empiezan a ponerse blancos enseguida.

4. Pasado ese tiempo los aclaras un poco con agua para retirarles el exceso de vinagre y los introduces en el aceite junto con los ajos y el perejil finamente picados. Has de comprobar que todos los trozos están en contacto con el aliño.

5. Congela el conjunto durante 5 días (si lo quieres dejar más tiempo no pasa nada, recuerda los tiempos de congelado del pescado azul del capítulo 4).

6. Después lo dejas descongelar en el frigorífico respetando la cadena del frío. ¡Y a comer!

7. *On egin!*

TRUCO: Puedes sustituir el aliño de ajo y perejil por el de otras verduras como: pimiento rojo, zanahoria y cebolleta, o tomate, ajo y albahaca. Pero recuerda, siempre han de estar las verduras en crudo y picadas en trozos muy pequeños (y mejor peladas).

Otros pescados para esta receta: *antxoas*, *makaela, akulas* (pez aguja) y sardinas.

Sardinas en escabeche

Preparación 30 min
Reposo en el frigorífico
24 h

4

Entero, en lomos, rodajas. En es
caso las sardinas están limpias
de cabezas y vísceras y enteras

Me encantan los escabeches. Me parecen un nutritivo y socorrido plato para tener en casa siempre disponible. Para completar una ensalada de proteínas y sabor. Para poner de aperitivo en una comida y abrir el apetito. O para ponerlos en bocadillo para ir a la playa o al monte. Una gozada.
En esta receta vamos a escabechar el pescado en frío. Es decir, aunque el pescado, en este caso las sardinas, ya haya sido cocinado previamente, el aceite que usaremos para el escabechado estará crudo.

Ingredientes

- 1 kg de sardinas (peso bruto) limpias de cabeza y vísceras.

Para la mezcla del escabeche

- 1 vaso de vinagre de vino
- ¾ vaso de aceite de oliva virgen extra
- 3 dientes de ajo crudo en láminas
- Pimentón (picante o dulce, al gusto)
- Pimienta recién molida
- 8 bolas de pimienta
- Dos hojas de laurel partidas por la mitad
- 4 clavos de olor
- Sal.

Elaboración

1. Preparas el escabeche mezclando los ingredientes en un recipiente de cristal.

2. Cocinas las sardinas, para que no estén crudas, como quieras. Las puedes escaldar, hornear, rebozar, freír o cocer al vapor. Si fuera pescado que nos ha sobrado de alguna comida, nos saltamos este paso porque ya está cocinado.

3. Se sumerge el pescado en la mezcla del escabeche y se deja reposar en el frigorífico al menos 24 horas, para que el pescado vaya empapándose del escabeche (también las puedes comer recién hechas, pero con el reposo ganan mucho).

4 Y ya está, así de fácil. Y se van comiendo poco a poco, de aperitivo, de merienda o porque sí.

5. ¡Que aproveche!

TRUCO: Es una receta ideal de aprovechamiento de sobras.

Otros pescados para esta receta: todos los pescados azules en general; *txitxarro*, verdel, bonito, atún, *antxoas*, *akulas*, lampo.

Bonito en escabeche

En esta receta en concreto el bonito está troceado en dados y sin espinas, pero puedes prepararla igualmente con otro pescado en rodajas con sus huesos y espinas, o en lomos.

En esta ocasión vamos a escabechar el pescado cocinándolo en el propio escabeche junto a las verduras.
Es otra manera diferente de escabechar a la de la receta de las sardinas, con un resultado muy distinto. Te sirve para los mismos tipos de pescados.
Si no has escabechado nunca te animo a que pruebes las dos formas y decidas por ti misma cuál te gusta más.

Ingredientes

- 1 kg de bonito (peso bruto) cortado en tacos de bocado y libre de espinas y piel.
- 1 cebolla grande cortada en juliana
- 6 dientes de ajo en rodajas
- 2 zanahorias cortadas en juliana gruesa
- 2 trozos de cáscara de naranja
- 2 hojas de laurel
- 18 granos de pimienta
- 1 cucharada de pimentón (dulce o picante, al gusto, o mitad y mitad)
- Aceite de oliva virgen extra
- 1 vaso grande de vinagre de vino.

Elaboración

1. Pones a pochar en una cazuela a fuego medio la cebolla, el ajo y la zanahoria con tres cucharadas de aceite.

2. Cuando estén blanditas añades el laurel, la pimienta y la cáscara de naranja y la sal y lo dejas cocinar 5 minutos más.

3. Seguidamente metes los tacos de bonito y los cocinas durante un minuto.

4. Añades el pimentón y el vinagre y lo dejas hervir todo cinco minutos más.

5. Lo dejas reposar y enfriar.

6. Cuando se haya templado estará listo para consumir. También lo puedes guardar en un bote cerrado en el frigorífico para ir disfrutándolo poco a poco.

TRUCO: Este plato lo puedes degustar frío o templarlo. Está rico de todos modos.

Combina muy bien con una ensalada verde con tomates *cherry*.

Un bote de conserva hecho por ti en casa puede ser un gran regalo para alguien especial. Solo tienes que decorarlo con un bonito lazo.

Otros pescados para esta receta: casi cualquier pescado azul como atún, lampo, verdel (caballa), *makaela* (estornino), *txitxarro* (jurel), sardina, *antxoa*...

Ceviche de lubina

Lomos con piel

Hay tantas versiones de ceviche como de *marmitakos* o de sopas de pescado, en cada casa, bar, país, cantina o restaurante, el ceviche es diferente.
Yo aquí te presento una sugerencia de preparado que se caracteriza por ser muy fácil de elaborar, de eso se trata, de que, si no lo has hecho nunca, puedas acercarte al mundo del marinado del pescado sin dudas. Espero que te guste.

Ingredientes

- 1 lubina de 1 kg fileteada en 2 lomos con piel
- Zumo de 3 limas
- Sal
- 2 tomates medianos muy rojos sin pepitas, pulpa, ni piel
- 1 cebolla roja (o 2 cebolletas)
- 1 manojo de cilantro fresco
- Orégano
- Chiles o guindilla roja
- 1 aguacate
- Aceite de oliva virgen extra
- Pimienta.

Elaboración

1. Congela los lomos de lubina durante 5 días como ya sabes. Al ser una preparación en la que no vamos a someter al pescado a ninguna fuente de calor lo has de congelar previamente.

2. Filetea los lomos de lubina finamente con un cuchillo bien afilado. Esto lo puedes hacer incluso con los lomos aún sin descongelar del todo, quizás te resulte más fácil. Procura que los trozos sean muy finos, todo lo que puedas. Y los puedes dejar con la piel o sin ella, eso ya a tu gusto.

3. Exprime las tres limas, añade una cucharadita de sal al zumo y mezcla bien hasta que la sal esté disuelta.

4. Pon este marinado en un bol e introduce los trozos de lubina en él. Asegúrate de que todos estén en contacto con la mezcla, y no unos pegados a otros. Metes el bol tapado en el frigorífico durante media hora para que se marine. Mientras tanto, puedes ir picando finamente los tomates, sin pepitas ni piel, la cebolla y el cilantro.

5. Pasada la media hora sacas el pescado, lo escurres concienzudamente y lo mezclas bien con los demás ingredientes troceados. Corriges de sal, lo aliñas con aceite, un poco de orégano, el chile o la guindilla y pimienta. Y lo vuelves a meter al frigorífico cinco minutos más.

6. Ya solo te queda emplatar. Servirlo dentro de un aguacate, como en la foto, es una manera de hacerlo, pero puedes presentarlo en el recipiente que más te guste. Siempre acompañado de tortitas o nachos de maíz.

TRUCO: Si no tienes lima puedes utilizar limón en su lugar.

Otros pescados para esta receta: carcajal (corva), sabiron (yo este lo haría sin piel), corvina, dorada, erla (herrera), sargo, pargo, *kraba*, burriota (burriqueta), mero.

Huevas de merluza en vinagreta

40 min
Reposo 1 h

4

Huevas enteras

Típica ensalada que dejas en el frigorífico en un envase hermético y tienes de comodín para un aperitivo, un entrante o una merienda. Es ideal comerla en frío, o un poco atemperada a temperatura ambiente. No calentada. La textura de las huevas de merluza es muy especial, si no las has probado nunca hazlo, solo así podrás saber si te gustan.

Ingredientes

- ½ kg de huevas de merluza
- 2 cebolletas frescas
- Perejil fresco (bastante)
- Aceite de oliva virgen extra
- Vinagre
- Sal.

Elaboración

1. Limpia las huevas cuidadosamente retirando las telillas que cuelgan y quitando de su superficie impurezas que hayan podido quedar pegadas. Todo esto hay que hacerlo con la mano, un paño húmedo y con una tijera. Y con mucho cuidado, ya que las huevas son muy delicadas. A veces, algunas vienen rotas del barco, en ese caso procura no moverlas demasiado al limpiarlas, ya que podrían ir perdiendo huevos mientras lo haces. Métełas, cuanto antes en la cazuela donde las vayas a hervir. Cuando se cuezan quedarán duras y serán más fáciles de manejar.

2. Prepara una cazuela hermosa, donde quepan las huevas holgadamente, con agua fría, sal y un buen chorro de vinagre (para evitar que se rompan). Las introduces cuidadosamente y las pones al fuego. Cuando comiencen a hervir bajas el fuego y dejas que cuezan a fuego suave durante 30 minutos (si son muy grandes las dejas 10 minutos más).

3. Pasado ese tiempo las sacas del agua y las dejas escurrir y enfriar. Mientras tanto, cortas las cebolletas y el perejil en trozos pequeños.

4. Una vez enfriadas las huevas, y sobre una tabla, las cortas en rodajas del tamaño de un dedo. Las colocas sobre un táper de cristal y las aliñas con las cebolletas, el aceite, el vinagre y el perejil. Si hace falta, las corriges de sal.

5. Es conveniente dejar esta ensalada reposar unas horas antes de servir, para que se vayan integrando los jugos y sabores de todos los ingredientes.

TRUCO: Esta elaboración se puede guardar en un recipiente cerrado en el frigorífico durante una semana.

Otros pescados para esta receta: huevas de otros pescados.

Kokotxas en salsa verde (de bacalao y de merluza)

 20 min  2  *Kokotxas* enteras

Las *kokotxas* son una de las zonas más delicadas de la merluza y del bacalao, y por eso, su cocinado se ha de hacer con especial cuidado.
Esta receta no tiene ningún misterio y solo lleva seis sencillos ingredientes, pero lo más importante en ella es la técnica, nada más.
Si es la primera vez que vas a hacer *kokotxas* en salsa verde no tengas miedo y disfruta de la experiencia. Seguro que has hecho en tu vida cosas más difíciles. Empieza por hacer una cazuela con una pequeña cantidad y sigue las instrucciones al dedillo.
La receta que te presento es solo de *kokotxas*, pero puedes acompañarlas, si quieres, con algún molusco como almejas o berberechos. Si lo vas a hacer, has de abrirlos en una cazuela aparte.

Ingredientes

- ½ kilo de *kokotxas*
- 3 cucharadas de aceite de oliva virgen extra
- Dos dientes de ajo en láminas
- Perejil finamente picado
- Cayena picante (opcional)
- Sal.

Elaboración

1. Prepara tus *kokotxas*. Las limpias de impurezas y les quitas los huesos o las espinas que pueden llevar, si tienen los rabos demasiado largos también se los puedes cortar un poco (una largura de rabo ideal es como la de la foto de la *kokotxa* del capítulo 3).

2. Una vez bien escurridas y secas las colocas en un plato, las sazonas por ambos lados y las dejas reposar a temperatura ambiente.

3. Buscas una cazuela con superficie suficiente para que todas o casi todas las *kokotxas* puedan estar en contacto con el fondo de la cazuela.

Calientas en ella el aceite a fuego medio y allí doras los ajos en láminas. Lo justo para aromatizar el aceite. Antes de que se frían demasiado los retiras y los reservas.

4. Alejando la cazuela del fuego, o bajándolo mucho, vas colocando las *kokotxas* una a una y con la piel hacia arriba sobre el aceite.

Una vez colocadas, espolvoreas el perejil muy picadito, introduces la cayena, si se la vas a echar, y arrimas de nuevo la cazuela al fuego y la empiezas a mover.

5. El truco de la salsa está en estos movimientos. Han de hacerse agarrando la cazuela con ambas manos, a fuego medio y suavemente, sin levantarla del fuego y sin pausa, hasta que observes cómo se va haciendo una salsa gordita y verde alrededor de las *kokotxas*.

El tiempo que tarda en salir la salsa dependerá de las *kokotxas*, pero no has de parar de mover la cazuela hasta que lo consigas.

6. En ocasiones, esa salsa resulta incluso demasiado espesa. Para rebajarla, puedes echar un poco de fumet de merluza o de bacalao, si se dispone, y si no, un poquito de agua. En cualquier caso, muy poquito, ve probando con cucharadas, de una en una, y mientras las añades no pares de mover la cazuela.

7. Las *kokotxas* se cocinan en pocos minutos, las de merluza en 4 minutos las tienes hechas y las de bacalao, en 5.

8. Lo más importante es no quedarte sin salsa y no parar de mover hasta que la tengas bien ligada. Luego dejarás que se terminen de cocinar a fuego muy suave durante los minutos que veas que haga falta, en función de la *kokotxa*, mientras continúas moviendo de vez en cuando.

9. Una vez terminada la cazuela, es opcional echar de nuevo los ajos dorados que se han retirado al inicio.

10. ¡Que aproveche!

TRUCO: Las *kokotxas* de bacalao harán una salsa más gorda y necesitarán más líquido para rebajarla.

A las *kokotxas* no hay que darles la vuelta, a no ser que se volteen ellas mismas con los movimientos de vaivén de la cazuela.

Para emplatar las *kokotxas* puedes utilizar pequeñas cazuelas de barro, como en la foto.

Sírvase estas cazuelas bien calentitas. Es como más ricas están.

Kokotxas rebozadas (de merluza y de bacalao)

 55 min  4  Limpio y entero

Rebozar *kokotxas* no es rebozar cualquier pescado, y por eso la receta va aparte. Son un bocado delicado que hay que tratar con mucho cuidado, para que el resultado sea el que buscamos.

La técnica para rebozar las *kokotxas* es la misma para las de bacalao que para las de merluza, únicamente que las de bacalao necesitarán algún minuto más en la sartén para cocinarse por su mayor grosor.

Hay algunas *kokotxas* de bacalao que son muy grandes, procedentes de piezas de pescado muy hermosas. Yo te recomiendo trocearlas en pedazos de bocado antes de rebozarlas. De este modo se comen muy agusto.

La clave de rebozar *kokotxas* es hacerlo con mucha delicadeza, con el aceite a temperatura moderada para que se hagan bien pero que en ningún momento se quemen o doren demasiado. Y controlar mucho los tiempos, que en el caso de las *kokotxas* de merluza han de ser muy breves.

Ingredientes

- ½ kg de *kokotxas*
- 1 huevo
- Aceite de oliva virgen suave
- Sal
- 2 diente de ajo (opcional).

Elaboración

1. Preparas las *kokotxas* igual que para la receta de *kokotxas* en salsa verde, las salas y las dejas reposar en un plato.

2. Aplastas los ajos con piel.

3. Bates un huevo e introduces las *kokotxas* en él.

4. Calienta la sartén a fuego medio, echa los ajos y cuando burbujeen los sacas (solo los vamos a utilizar para aromatizar un poco el aceite) y vas introduciendo en el aceite caliente las *kokotxas* una a una desde el huevo; atendiendo a que no baje la temperatura.

5. Dejas que las *kokotxas* se hagan en la sartén.Las de merluza medio minuto de cada lado y las de bacalao 2 minutos de cada lado, aproximadamente.

6. Las sacas de la sartén y a comer.

TRUCO: Las *kokotxas* rebozadas están ricas frías, pero recién rebozadas están mejor.

A las *kokotxas* rebozadas sí que hay que darles la vuelta.

Una vez más, los detalles importan. Presentar tus *kokotxas* recién rebozadas en la mesa con gusto, en un plato especial o con un adorno diferente hace que un lunes se convierta en domingo.

Ensalada de salmón

15 min

2

Mejor en trozos de bocado sin espinas

Da gusto llevar al monte, a la playa o al trabajo una buena ensalada, y si además la completas con pescado se convierte un gran plato único.
Eso sí, no te olvides de elaborar un aliño rico y llevártelo contigo, es la clave.
Comer pescado fuera de casa es más fácil de lo que parece.
Te propongo esta ensalada con salmón crudo, pero puedes hacerla también con cualquier otro pescado como gallo rebozado, bonito o rape cocido, verdel escabechado o *antxoas* en vinagre entre otros.

Ingredientes

- Una taza de canónigos
- Una taza de lechuga
- Una taza de col lombarda cortada en juliana fina
- Una taza de hojas de espinacas y de rúcula
- 8 tomates cherry
- 1 cebolleta
- ½ taza de maíz cocido
- 1 pepino pequeño en rodajas finas
- 1 huevo cocido
- 1 manzana roja en rodajas finas
- 1 cucharadita de semillas de lino y de sésamo
- Brotes de ajo

Elaboración

1. Para hacer el aliño pica muy fina la albahaca y júntala con el resto de ingredientes en un bote cerrado, agítalo enérgicamente para mezclarlo todo bien.

2. Si te vas a llevar la ensalada fuera de casa te la vas montando en el mismo recipiente donde la vayas a transportar. Primero las hojas, luego la manzana, el pepino, los *cherrys*, el maíz y el huevo. Y encima de todo el salmón, las semillas y los brotes.

3. Te llevas el aliño en un bote y a la hora de comer lo viertes sobre la ensalada.

4. Así de fácil y así de rico, sano y nutritivo.

- 150 g (peso neto) de salmón crudo cortados en dados pequeños de bocado (el salmón ha de haber estado congelado 5 días previamente, ya que se va a consumir en crudo).

Para el aliño:

- 1 vasito de aceite de oliva virgen extra
- 1/4 de vasito de vinagre balsámico
- Un ramillete de albahaca
- 1 cucharadita de miel
- Sal y pimienta.

TRUCO: Si lo deseas, en vez de utilizar salmón crudo puedes marinarlo previamente en soja, lima o limón.

Preparación ideal para disfrutar del pescado *take away*.

Añadir a esta preparación algo de cereal o legumbre hervida la hace aún más contundente y completa: arroz, quinoa, garbanzos o alubias, por ejemplo.

La versión que más me gusta de esta ensalada es la que lleva pescado marinado. Me encanta el toque ácido y especiado de los marinados junto a la frescura de las hojas verdes y los vegetales.

Como has visto en recetas anteriores, marinar y escabechar pescado en casa es bastante más fácil de lo que parece. Anímate y tendrás el ingrediente ideal para completar tus ensaladas marineras.

Otros pescados para esta receta: bonito, atún, verdel, verdel sin espinas, carcajal... cualquier pescado es una buena opción.

Bocadillo de lotxa rebozada

 10 min  4  Lomos en piel y sin espinas

Este bocata marinero es ideal para disfrutar en la playa, de picnic o en Anoeta viendo a la Real Sociedad ganar por goleada. Los donostiarras somos mucho de llevar bocatas al fútbol.

La *lotxa* rebozada es un pescado ideal para disfrutar en bocadillo por la jugosidad de su carne y su fino sabor, que es capaz de sobresalir por encima de los demás sabores.

Ingredientes

- 3 filetes de *lotxa* rebozados sin piel ni espinas
- 4 cucharadas de mahonesa o alioli casero por comensal
- 2 hojas de lechuga grandes limpias y escurridas
- 1 diente de ajo partido en dos
- 1 tomate pequeño abierto por la mitad
- 1 trozo de buen pan, del que más te guste
- Aceite de oliva virgen extra
- Vinagre de manzana
- Sal
- Pimienta.

Elaboración

1. Corta las hojas de lechuga en trozos no muy grandes y alíñalas ligeramente con sal, aceite y vinagre.

2. Abre tu pan y unta su interior con el diente de ajo y el tomate. Posteriormente lo embadurnas bien con la mahonesa.

3. Monta tu bocata colocando sobre una de las mitades del pan las hojas de lechuga y los filetes de *lotxa*. Añade en medio unas cucharadas de mahonesa, lo cierras con la otra mitad, y listo.

4. Fácil y muy rico. Otra manera sencilla de comer pescado fuera de casa.

TRUCO: Puedes tunear el bocata con los ingredientes que más te gusten, es cuestión de probar y disfrutar.

Preparación ideal para disfrutar del pescado *take away*.

Otros pescados para esta receta:
merluza, gallo, pescadilla, faneca,
rape... haz tu bocata con el pescado
que tengas en casa e improvisa.
Te vas a sorprender. Pero eso sí,
es muy importante que no lleve
espinas, para que lo puedas
comer tranquilamente.

Bomero

15 min

4

Limpio de piel y espinas

¡Qué rico! Qué forma más fácil de comer pescado cocido, sí, estás oyendo bien. Esta receta se elabora con pescado cocido. Si pensabas que el pescado hervido era triste, aburrido y comida de enfermos, esta receta te va a romper todos los esquemas.

Cuentan los mayores, que esta popular preparación fue bautizada con este nombre por un grupo de mendizales (montañeros) que no teniendo otra cosa que llevar para almorzar, cargaron con una lata de bonito y un bote de mayonesa. En la cima, juntaron los dos ingredientes y nació el bomero.

Luego, con los años, y ya en las cocinas, la popular receta se fue completando con guindilla y cebolleta y se fue elaborando también con otros pescados.

Ingredientes

- 400 g de bonito (peso neto) limpio de piel y espinas
- 2 cebolletas
- 8 guindillas verdes de bote (si son de casa mejor)
- Mahonesa casera (bastante)
- Aceite de oliva virgen extra
- Vinagre
- Sal.

Elaboración

1. Pones un cazo al fuego con agua y sal. Cuando empiece a hervir echas un chorro de vinagre y metes el bonito.
2. Deja que cueza suavemente durante 5 minutos. Pasado ese tiempo lo sacas a escurrir y lo dejas enfriar.
3. Mientras, corta las cebolletas y las guindillas finamente.
4. Una vez que el bonito se haya templado lo troceas pequeño y lo mezclas muy bien con las cebolletas y las guindillas troceadas.
5. Aliñas la mezcla ligeramente con sal, aceite y vinagre.
6. Y posteriormente, le echas la mahonesa casera y juntas muy bien.
7. Ya lo tienes. Lo puedes servir a modo de pincho sobre rebanadas de pan recién tostado, en bocadillos o acompañado de unos picos.

TRUCO: Preparación ideal para disfrutar del pescado *take away*. Esta receta queda especialmente jugosa con el cogote y la cola del bonito.

Lo puedes guardar bien cerrado en el frigorífico durante 3 días.

Otros pescados para esta receta:
perlón, rape, atún.

Txipirones troceados en su tinta

 50 min  4  *Txipirones* limpios y troceados

Otro buque insignia de la gastronomía vasca.
Esta lucida receta es bastante más fácil de elaborar de lo que en principio parece. Y te va a hacer triunfar cuando tengas comensales, ya que sacar unos ricos *txipirones* en su tinta en la mesa ¡no es moco de pavo!
Si no la has cocinado nunca no te asustes por su apariencia o por lo que te digan. Date la oportunidad de intentar hacerla, te resultará más fácil de lo que piensas. Se trata de un guiso sencillo de verduras y pescado con la peculiaridad de que se agrega a la salsa la tinta del *txipiron*, que es lo que le confiere al plato su color negro.

Ingredientes

- 1,5 kg de *txipirones* (peso bruto) cortados en cuadrados (también los puedes hacer en anillas si lo deseas)
- 4 cebollas hermosas troceadas toscamente
- 3 dientes de ajo pelados
- 1 taza grande de salsa de tomate casera o tres tomates hermosos pelados y troceados

Elaboración

1. Empieza por pochar las cebollas junto con los ajos. Cuando veas que la mezcla está pochada, añade la salsa de tomate o los tomates troceados y que siga cocinándose 5 minutos más.

2. Entonces agregas el vaso de coñac y las tintas de *txipiron*[8] y dejas cocinar suavemente todo otros 5 minutos.

3. Ahora que la cebolla y todos los ingredientes están bien negros, es el momento de retirar la cazuela del fuego y pasarlo todo por la batidora.

4. ¡No te asustes! El resultado va a ser una salsa muy muy espesa y muy negra.

---

[8] Para agregar las tintas a la salsa, puedes colocar las bolsitas dentro de un colador metálico y con la ayuda de una cucharilla presionar sobre ellas. De ese modo la tinta líquida cae y la membrana que la rodea queda sobre el colador. Sirve también de ayuda echar un poco de agua caliente con una cuchara sobre la propia tinta para que se disuelva más fácil.
Si vas a echar tintas de sobre, abre el sobre con una tijera y vierte el contenido directamente.

• 1 vasito de coñac
• Tintas de los *txipirones*: si no fueran suficientes, añadiremos sobres de tinta de sepia
• Aceite de oliva virgen extra
• Sal.

5. En esa salsa, introduce los trozos de *txipiron*, con sus patas y todo. Según se vayan cocinando verás cómo van soltando mucha agua y la salsa se va haciendo más ligera.

6. Ya solo queda que los *txipirones* se cocinen en la salsa a fuego medio/suave. En unos 20 minutos los tendrás tiernos, aunque dependerá de su grosor. La textura se comprueba pinchando con un tenedor, si los notas aún duros déjalos 5 minutos más.

7. Rectificas de sal.

8. ¡Y listo! ¡A reposar!

9. A la hora de emplatar lo puedes acompañar de arroz blanco como guarnición.

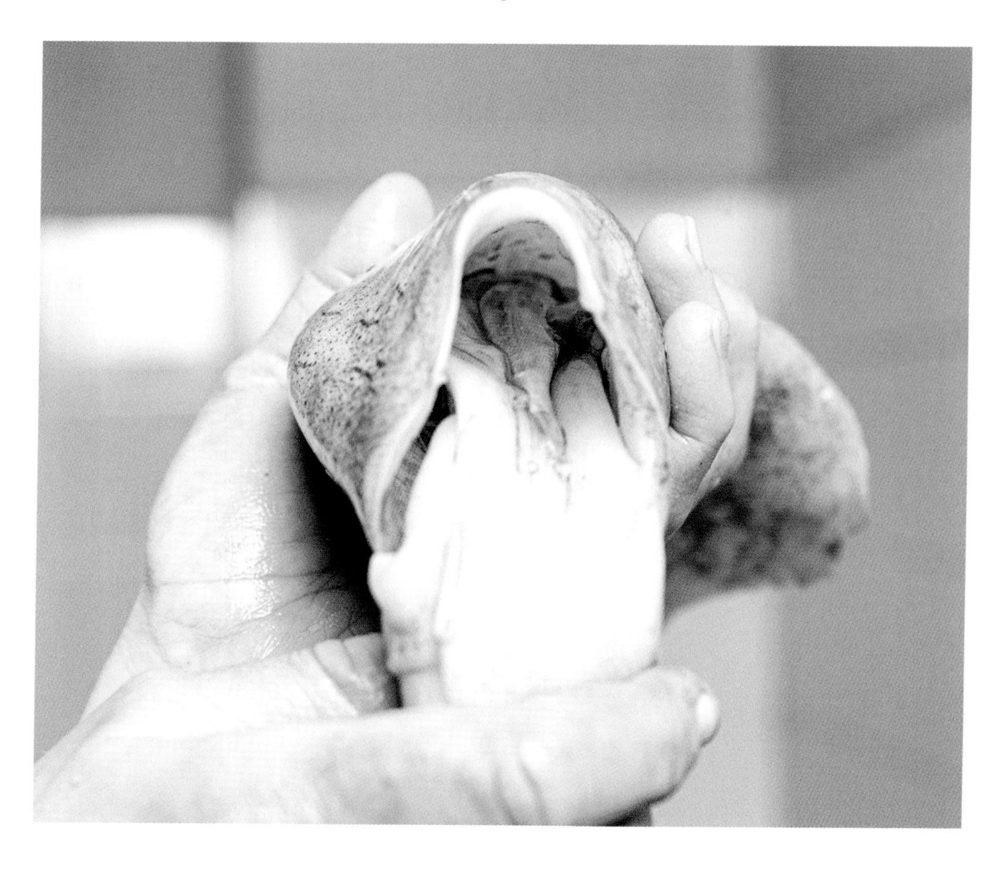

TRUCO: ¡IMPORTANTE! los chipirones en su tinta necesitan reposo. Es decir, siempre hay que cocinarlos uno o dos días antes de comerlos. Si se dejan reposar un día, los *txipirones* ganan en sabor, textura y adherencia a la salsa. Si el reposo es de dos días, ganan aún más. Si se van a congelar, no es necesario que reposen. Se cocinan, se enfrían y se congelan.

Otra gran ventaja de esta receta es que se puede congelar una vez cocinada. Al descongelarla queda como recién hecha.

Si te sobra salsa, ya tienes el primer plato para el día siguiente. Cueces arroz, lo introduces en la salsa y lo conviertes en arroz negro de *txipirones*. ¡Riquísimo!

Otros pescados para esta receta: sepia (queda muy bien).

Txipirones rellenos en su tinta

1,5 h

3

Txipirones limpios y enteros

Receta más que emblemática de la gastronomía vasca. Implica más elaboración que la de los *txipirones* troceados, pero no te asustes, no es difícil, ni imposible. Solo tienes que dedicarle un poco más de tiempo y paciencia, no requiere ningún conocimiento de cocina más.
Hay muchas maneras de rellenar un *txipiron*, tantas como cocineros y cocinillas. Yo te voy a presentar la receta habitual en la cocina vasca y la más purista, solo con sus tentáculos. Es así como vas a disfrutar realmente del sabor del *txipiron*, sin distracciones al paladar.

Ingredientes

- 1 kg de *txipirones* (peso bruto), limpios y con sus tintas
- 1 sobre de tinta de sepia (opcional)
- 4 cebollas medianas
- 2 dientes de ajo
- 1 vaso de salsa de tomate o 2 tomates medianos pelados
- ½ vaso de cognac
- Aceite de oliva virgen extra
- Sal.

Elaboración

-El relleno: Primeramente, hay que preparar el relleno. Y reservarlo. Para ello, coges los tentáculos y las aletas de los *txipirones* y los troceas finamente. En una sartén pequeña pones a pochar una de las cebollas con un diente de ajo ambos picados finamente, y cuando esté a medio hacer, añades las patas y aletas troceadas, se sala y se deja cocinar suavemente 10 minutos. Pasado ese tiempo se retira del fuego y se reserva.

-La salsa: Pones a pochar el resto de las cebollas en una sartén junto con el diente de ajo. A los cinco minutos agregas el tomate y que siga pochando cinco minutos más. Transcurrido ese tiempo se añade el brandy, y cinco minutos después, las tintas. Se rectifica de sal. La salsa gorda resultante se pasa por la batidora hasta conseguir la textura deseada y se vierte en la cazuela donde se van a cocinar los *txipirones*. Reservar.

-Los *txipirones*: Los *txipirones* los tendremos ya limpios. Entonces solo nos queda darles la vuelta antes de rellenarlos. ¿Por qué se hace esto? Porque de esta manera evitaremos que el relleno se salga del *txipiron* y nos olvidaremos de ponerle un palillo. Dar la vuelta a un calamar limpio no tiene misterio, solo hay que hacerlo con cuidado para que no se rompa. Lo ideal es realizarlo sobre un soporte duro que tengamos en casa, por ejemplo, el palo del mortero. Se apoya la base del *txipiron* en el palo y poco a poco se va dando la vuelta como si fuera un calcetín. Despacito y con cuidado. Nada más. Una vez volteados, se limpian por fuera para retirar cualquier resto y se procede a su relleno. Con una cuchara introduces en cada *txipiron* parte del relleno que ya has preparado, sin llenarlo demasiado para que no desborde. Una vez rellenos se fríen durante un minuto, de esta manera tenderán a encogerse algo y así cerrarán en su interior el relleno.

-Montaje final: Muy sencillo. Ahora se introducen los *txipirones* ya rellenos en la salsa y se deja guisar unos 20 minutos. Mientras se cocinan irán soltando agua que hará más ligera la salsa. Una vez transcurrido este tiempo, ya estarán hechos.

-Guarnición: Tradicionalmente, se presentaba este plato acompañado de triángulos de pan frito. Hoy en día esta costumbre ha caído en desuso para dejar paso al arroz blanco, que luce mucho al plato colocado en forma de montaña junto al *txipiron*. Esto ya es cuestión de gustos.

-Al igual que la receta anterior, estos *txipirones* también ganan con el reposo, y mucho.

-¡Enhorabuena! Ya has hecho tus *txipirones* rellenos. ¿A que no es tan difícil?

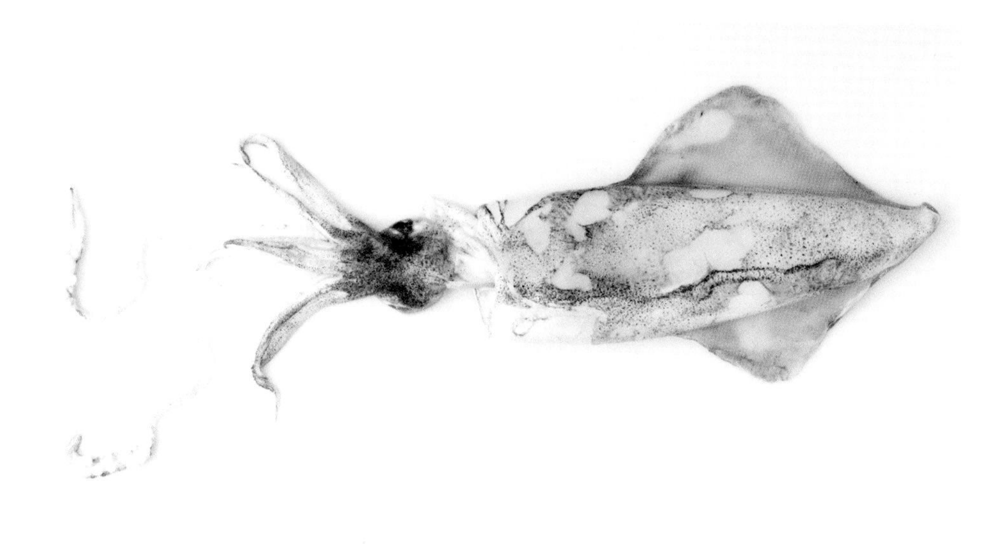

TRUCO: Cuanto más pequeños sean los *txipirones*, más ricos serán, y si pueden ser de bocado, mejor. A los muy pequeños se les llama de dedal.

Esta receta también la puedes congelar una vez elaborada y sacarla el día que la necesites. Es un gran recurso tener en el congelador unos *txipirones* rellenos; te van a hacer triunfar en cualquier ocasión.

Es interesante siempre cocinar algún *txipiron* más de los que crees necesarios para tus comensales. Ya que a veces puede ocurrir que al darles la vuelta o al rellenarlos alguna pieza se rompa y no la puedas rellenar. Si tienes de repuesto todo estará solucionado.

Ese *txipiron* roto lo puedes añadir a la salsa tal cual, de propina para el cocinero, o usarlo, troceado, de relleno.

Txipirones a lo pelayo

 1 h  3  *Txipirones* limpios y enteros

Nadie sabe con certeza cuál es el origen del nombre de esta receta. Hay quien la sitúa en un bar del pueblo marinero de Getaria, hay quien no.
Lo cierto es que es el nombre el que hace diferente a esta elaboración, porque en realidad no se trata más que de unos txipirones cocinados en cebolla y pimiento (opcional); sencillamente deliciosos.
Existen discrepancias acerca de añadir pimiento verde o no a la elaboración. Te encontrarás quien te diga que sin pimiento no es Pelayo, y también quien te diga lo contrario (incluso puedes ver bibliografía donde se realiza la receta con salsa de tomate, zumo de limón o un toque de picante).
Yo te animo a que, una vez más, lo compruebes por ti misma. A que hagas esta receta con y sin pimiento y descubras cómo te gusta más. ¡Ese será tu pelayo!

Ingredientes

- 1 kg *txipirones* pequeños (peso bruto) limpios
- 2 cebollas grandes picadas finamente o en juliana
- 1 pimiento verde picado finamente en juliana
- 1 diente de ajo muy picado
- 4 cucharadas de *txakolí* o vino blanco
- Aceite de oliva virgen extra
- Sal.

Elaboración

1. Dispón los *txipirones* en una bandeja limpios y secos. Sálalos por ambos lados y reserva.

2. Pones a pochar la cebolla y el pimiento a fuego muy suave con 4 cucharadas de aceite y sal. Ha de estar largo rato, 30 o 40 minutos, hasta que quede totalmente cocinado y con un color parduzco. Remueve de vez en cuando para que no se pegue.

3. En este pochado introduce los *txipirones*. Cuerpos, aletas y patas, todo menos las tintas. Añade también el ajo picadito y el *txakolí*. Déjalo cocinar a fuego suave 15 minutos con la tapa puesta, removiendo de vez en cuando para que no se queme.

4. A la hora de servir puedes espolvorear perejil por encima para adornar el plato. Y listo.

TRUCO: Para mi gusto las patas son lo más rico. En mi casa es lo primero que desaparece de la cazuela.

Si quieres, los puedes dejar reposar unas horas antes de comer. Aunque también los puedes degustar recién hechos.

Otros pescados para esta receta: sepia, si es grande, mejor troceada.

Txipirones a la plancha

 15 min  3  *Txipirones* limpios

En esta receta es clave el aliño con el que iremos regando los *txipirones*. Cada cocinera o cocinero tiene el suyo y no hay unos mejores que otros, solo es cuestión de gustos. Si ya dispones del tuyo de toda la vida, utilízalo si te apetece. No obstante, aquí te facilito la manera de preparar un aliño de lo más sencillo, luego está de tu mano añadir o eliminar ingredientes a tu imaginación y preferencias. Este condimento que en mi casa llamamos ajilimójili, es muy práctico, lo puedes usar con cualquier pescado o verdura que hagas a la plancha o al horno; anima notablemente los platos.

Ingredientes

- 1 kg (peso bruto) de txipirones limpios con las alas y patas separadas del cuerpo
- Aceite de oliva virgen extra
- Crema de vinagre balsámico (opcional)

Para el aliño:

- 2 dientes de ajo
- Un vaso mediano de aceite de oliva virgen extra
- Sal
- Un puñado de perejil picado
- 3 cucharadas de vinagre de vino.

Elaboración

El aliño:

Colocas todos los ingredientes en el vaso de la batidora y los bates suavemente, lo justo para que los ajos se piquen en trozos pequeños y se mezcle todo, pero no tanto como para que se haga puré.

Los *txipirones*:

-Preparas los *txipirones* en una bandeja limpios y bien secos; con sus patas y alas.

-Los salas por ambos lados.

-Calientas la plancha gradualmente, y cuando ha alcanzado la temperatura necesaria, dispones en ella los *txipirones* de la siguiente manera: en un lado colocas los cuerpos, y en el otro las patas y las alas.

-Lo riegas con tres cucharadas de aceite y dejas que se haga, a fuego vivo, pero no al máximo, durante dos minutos.

-Pasado ese tiempo, das la vuelta a todo, lo vuelves a regar con dos cucharadas de aceite y lo dejas hacer un minuto más.

-Entonces, vuelves a regar el conjunto generosamente con el aliño y lo dejas hacer un minuto más. Ten cuidado, si ves que se va quemando el ajo que ha caído sobre la plancha ve despegándolo con una espátula de silicona.

-Y ya los tienes.

-Emplátalos en una bandeja colocando a cada cuerpo sus patas y alas, como se ve en la fotografía. Vierte sobre ellos el jugo que haya quedado en la plancha y una cucharada del aliño crudo por encima. Es opcional adornarlo con una firma de crema de vinagre balsámico.

TRUCO: Si los *txipirones* son grandes, puedes hacerlos también a la plancha troceados.

Si no tienes batidora no pasa nada, puedes picar y mezclar los ingredientes del aliño a mano.

Esta preparación es hacer y comer; unos *txipirones* a la plancha recién hechos están calentitos y crujientes, si se enfrían quedan gomosos. Y, sinceramente, no tienen nada que ver.

Así que este plato es el típico al que hay que esperar con la mesa puesta y el tenedor en la mano.

Cuando realices esta receta con sepia has de tener en cuenta que, al ser más gordita, necesitará medio minuto más de plancha de cada lado.

Y si las piezas a cocinar son grandes (tanto de sepia como de *txipiron*), y decides colocarlas abiertas, verás que con la acción del calor tenderán a encogerse. Para evitar esto lo máximo posible, realiza unos cortes en sus bordes. De ese modo se encogerán menos y se podrán cocinar bien en toda su superficie.

Otros pescados para esta receta: sepia.

Rabas de calamar

 15 min  3  En tiras finas

¡Que levante el dedo a quien no le gusten los calamares fritos! Veo pocos, muy pocos dedos.
Ciertamente se trata de una preparación que enamora a niños y a mayores. Un capricho que de vez en cuando nos deleita el paladar, ya que debido a su cantidad de grasa no es recomendable para todos los días.
Puedes hacerla con calamares de cualquier tamaño, siempre que los cortes en tiras o en aros finos.
Y eso sí, hay que comerlos recién hechos. Si no pierden su textura crujiente.

Ingredientes

- 1 kg de *txipiron* (peso bruto) limpio y cortado en tiras o aros finos
- Harina de trigo o de garbanzo
- Pan rallado
- 2 dientes de ajo
- Aceite de oliva virgen extra, el más suave que encuentres
- Sal
- Pimienta
- Limón (opcional).

Elaboración

1. Lavas y secas muy bien las tiras de calamar. Las salas y reservas.

2. Mezclas, en un tuper con tapa a partes iguales, la harina y el pan rallado. Y sazonas con pimienta recién molida y sal.

3. Machacas los dos dientes de ajo con piel y todo.

4. ntroduces las tiras de calamar en el tuper con la mezcla de la harina y el pan rallado. Pones la tapa y lo agitas todo con energía. De tal modo, las rabas quedarán impregnadas de la mezcla sin apelmazarse unas con otras.

5. Calientas la sartén a fuego medio con el aceite e introduces los ajos para que lo aromaticen.

6. Cuando este haya llegado a la temperatura óptima vas metiendo las tiras de calamar de una en una y en pocas cantidades, para que no se enfríe el aceite y se frían bien.

7. En 1 minuto las tienes fritas. Cuando estén hechas vas a por la siguiente tanda.

8. A la hora de comer hay a quien le gusta exprimir un poco de limón sobre ellas.

TRUCO: Si son aros o tiras gordas necesitarán un minuto más en la sartén. Puedes acompañarlas con un alioli casero.

Otros pescados para esta receta: sepia, córtala en tiras al igual que el calamar.

Marmitako de sepia

 40 min  4  Limpios y en trozos pequeños

Plato especialmente indicado para tomarlo bien calentito en los días en los que uno no consigue sacarse el frío del cuerpo. Supersano, nutritivo y calienta almas, este suculento plato único suele ser delicia de niños y mayores.
En el capítulo 5 te explico detalladamente qué es un *marmitako*; si no has tenido ocasión de leerlo, échale un vistazo, te ayudará a comprender la riqueza de esta receta legendaria.

Ingredientes

- 1 litro de fumet de pescado aproximadamente, mejor hecho en casa (busca la receta en este libro)
- 1 kilo de patatas peladas y cascadas en trozos de mediano tamaño
- 3 cucharadas de aceite de oliva virgen extra
- Medio pimiento verde y medio rojo
- 3 dientes de ajo
- 1 cebolla mediana
- 1 tomate pequeño, o 1 cucharada de salsa de tomate casera
- 1 pimiento choricero ya remojado, o su carne
- 1 kilo y medio de sepia (peso bruto) limpia y en trocitos pequeños (reservar la tinta para otras ocasiones)
- Sal.

Elaboración

1. Si te acuerdas, pon el pimiento choricero a remojo unas 3 horas antes en agua fría. Si no te has acordado, usa una cucharadita de carne de pimiento choricero de bote.

2. Pon el fumet a calentar a fuego suave.

3. Corta en *brunoise* (cuadraditos pequeños) la cebolla, los pimientos y el ajo, y ponlo todo a rehogar en una cazuela con 3 cucharadas de aceite a fuego medio. Cuando esté todo tierno, ralla el tomate pelado encima, agrega las patatas y sofríe todo dos minutos más.

4. A continuación, añades la sepia cortada con sus patas y todo. Y dejas el conjunto al fuego otros 4 minutos, moviendo con una cuchara a menudo para que no se pegue. Pasado este tiempo, añades la carne del pimiento choricero, mezclas bien y viertes encima el fumet caliente hasta cubrirlo todo.

5. Pones la tapa y dejas hervir a fuego medio.

6. Vigílalo de vez en cuando y añade más o menos fumet en función de si quieres tu *marmitako* más o menos espeso. A los 20 minutos es probable que tanto la patata como la sepia estén tiernas, pruébalas. Si ves que aún están algo tiesas, las dejas hervir más y las vas probando cada dos minutos. Cuando veas que están bien hechas rectificas de sal y apagas el fuego.

7. Sirve el *marmitako* bien calentito y adórnalo, si quieres, con perejil espolvoreado y un poco de pimentón.

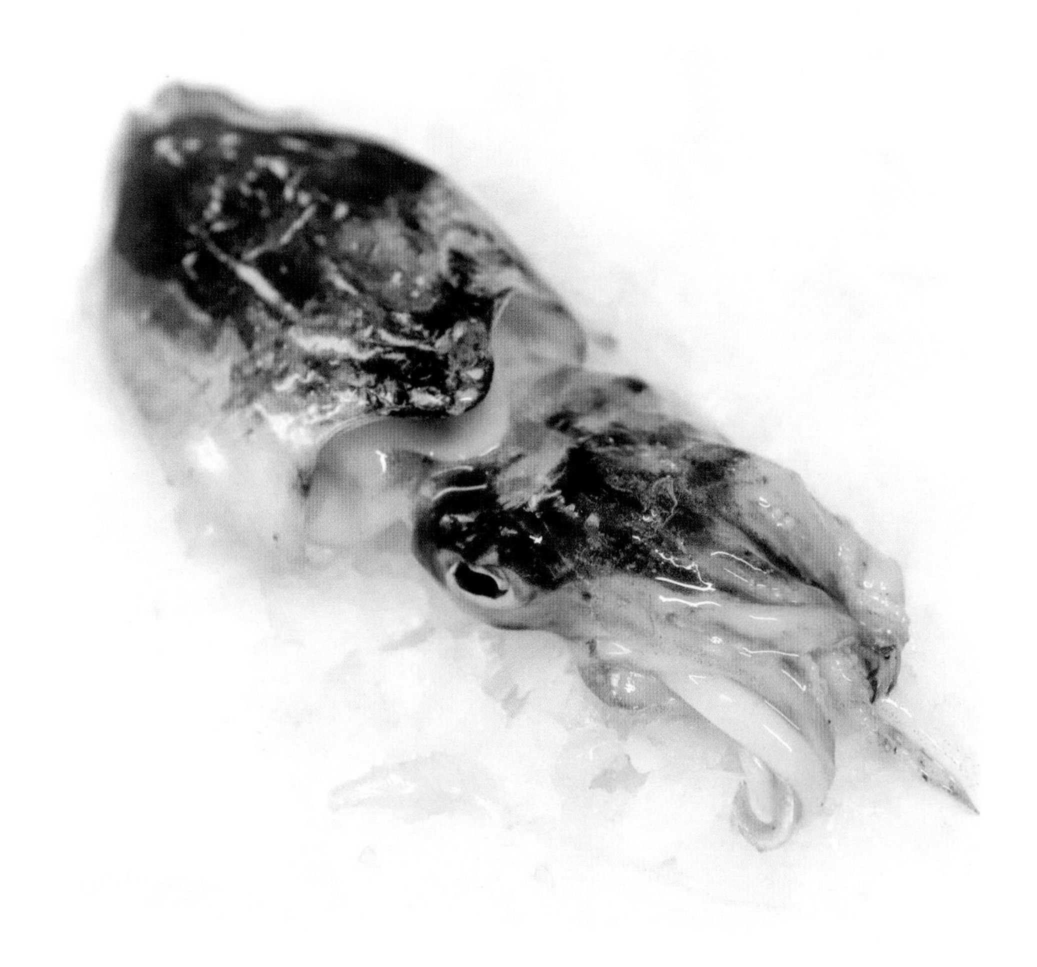

TRUCO: Para guardar la tinta de la sepia para otras ocasiones la puedes congelar.

Si quieres hacer tu plato más contundente puedes añadir un puñado de arroz cuando eches el fumet. Queda riquísimo. La guinda de la fiesta es añadir 3 cigalitas salteadas sobre el *marmitako* al emplatar. ¡Te van a hacer la ola!

Si te animas a hacer esta receta con pulpo hazla con pulpos pequeños o pulpos bolseros (son los que tienen la cabeza más grande que las patas), habitualmente son más económicos en lonja que los pulpos de roca, que por el tamaño de sus patas se pagan más caros. En esta receta no nos importa que sean de menor tamaño o tengan más o menos cabeza porque lo vamos a partir todo en trozos más bien pequeños.

Para hacer esta preparación con pulpo fresco primero lo asustas tres veces en entero (como verás en la receta de cómo cocer pulpo fresco), luego lo troceas y después lo agregas a la receta del mismo modo que si fuera sepia.

Puedes usar el agua donde has asustado los pulpos como fumet, va a intensificar un montón el sabor de tu *marmitako*.

Otros pescados para esta receta: calamar, rape, verdel, salmón, bonito... en función del pescado que utilices has de echarlo antes o después a la cazuela.

Cómo cocer pulpo fresco y que quede tierno

 En función del tamaño del pulpo

 En función del tamaño del pulpo

 Entero y eviscerado

¡Qué tema más delicado el del pulpo! Cada región, familia, mesón o cocinillas tiene su modo personal, peculiar y único de cocerlo y que quede rico. Todos merecen mis respetos.
La técnica que te detallo a continuación la he aprendido detrás del mostrador después de innumerables conversaciones y debates con clientes y amigos.
Es un modo muy sencillo de cocer un pulpo. Hay muchos más, si te van bien síguelos, lo importante es que lo hagas con seguridad y disfrutes con ello.
La peculiaridad de la cocción del pulpo consiste en conseguir desorganizar las fibras musculares del animal de modo que resulten tiernas al comerlas. Hay diferentes maneras de conseguir esto: congelando el pulpo, golpeándolo o «asustándolo».
Yo te propongo el tercer modo. Es rápido y sencillo y lo puedes realizar con un pulpo fresco o congelado.
¡Anímate a probarlo! Te va a sorprender.

Ingredientes

- 1 pulpo fresco o congelado
- 2 patatas (el tamaño de la patata dependerá del tamaño del pulpo, va a ser su acompañamiento)
- Aceite de oliva virgen extra
- Sal marina
- Sal en escamas
- Pimentón, del bueno. Dulce o picante, a tu gusto.

Elaboración

1. Pon agua a hervir en una cazuela grande, donde el pulpo quepa holgadamente y échale algo de sal, no demasiada, que no resulte excesivamente salada.

2. Limpia el pulpo de vísceras (quizás lo hagan en la pescadería) y lava debajo del grifo de agua fría, con un hilo de agua, todas las ventosas de sus patas, una por una. El pulpo se adhiere a las rocas y demás superficies con ellas y pueden tener pegadas impurezas que conviene retirar antes de hervir.

3. Las patatas las puedes cocer junto con el pulpo o aparte, lo que prefieras. Yo las cuezo juntas porque me gusta el sabor que adquieren. Acuérdate de que las patatas tienen tiempos de cocción diferentes al pulpo y has de sacarlas del agua en el momento que les corresponda.

4. Cuando el agua rompa a hervir y tengas el pulpo limpio es el momento de proceder a «asustarlo», es decir, meterlo y sacarlo varias veces en el agua hirviendo.

Lo metes en el agua, dejas que hierva medio minuto, lo sacas, lo dejas enfriar otro medio minuto y lo vuelves a meter al agua hirviendo.

Esta acción se repite 3 veces, y a la cuarta dejas el pulpo cociendo los minutos necesarios en función de su peso:

Pulpo de 1 kg o menos --------- 25 minutos

Pulpo de 1 kg a 2 kg ------------35 minutos

Pulpo de 2 kg a 3 kg --------- --45 minutos

Pulpo de más de 4 kg --------- 55 minutos

5. Transcurrido su tiempo sacas el pulpo y dejas que se enfríe. Lo cortas en rodajas y las colocas en una fuente bonita junto con las patatas.

6. Aliñas todo con aceite de oliva virgen extra, sal en escamas y pimentón al gusto.

7. Y a comer. Templadito está más rico.

TRUCO: Una de las patatas la puedes hacer en puré, como la sugerencia de la foto.

Una vez cocido puedes guardar el pulpo en el frigorífico por dos días o lo puedes congelar.

También puedes cocer el pulpo sin añadir nada de sal al agua de cocción, va a gustos.

Si tienes cocido el pulpo con antelación, te recomiendo que lo calientes antes de aliñarlo y servirlo a la mesa, de ese modo se potenciará su sabor. Para ello lo salteas, previamente troceado, en una sartén con un poquito de aceite.

Otra manera de rematar una receta de pulpo cocido es a la plancha o a la brasa. En esa ocasión, se pasa por el calor los rejos de pulpo enteros hasta que se doran y después se sirven a la mesa tal cual, para que sea el comensal el que los trocee a su gusto. Las brasas aportan un aroma muy especial al pulpo.

Y en los días más calurosos del verano, como mejor entra el pulpo cocido es en un fresco salpicón.

Bonito encebollado

 30 min  2  Lomos en piel y sin huesos

Esta receta no tiene misterio, se trata de pescado encebollado y punto. Pero me ha parecido importante ponerla por los siguientes motivos.

El bonito es y ha sido un pescado muy importante para la flota del Cantábrico y para la gastronomía vasca en general. En verano, casas, bares y restaurantes lo preparan de mil maneras, pero esta receta tan sencilla no falta nunca en una buena carta de producto de temporada. Es una forma muy arraigada de preparar nuestro túnido estrella, también extrapolable al atún y a otros familiares cercanos. La clave de esta preparación, al igual que de todas aquellas en las que es el protagonista, es tener en cuenta que el bonito se cocina muy muy rápido. Basta que vea el fuego de lejos para que ya esté medio hecho. Tenlo en cuenta si quieres disfrutarlo en su esplendor.

Ingredientes

- 3 cebollas cortadas en juliana
- 3 cucharadas de aceite de oliva virgen extra
- Sal
- Pimienta
- 1 rodaja de bonito limpia de piel y espinas y en 4 lomos.

Elaboración

1. Dispón las tajadas de bonito en un plato y sálalas por ambos lados.

2. Pon a pochar las cebollas y los ajos en una sartén con aceite, sal y pimienta.

3. Remueve de vez en cuando para que no se peguen, si ves que lo necesitan les echas un poco de agua.

4. Cuando ya esté todo pochado a tu gusto, retiras la mitad de la cebolla a un plato. Sobre la otra mitad que queda en la sartén colocas los trozos de bonito y los tapas con la cebolla que habías retirado. Que queden las tajadas bien cubiertas.

5. Colocas una tapa, calientas la sartén a fuego medio 2 minutos y retiras del fuego.

6. El calor residual terminará de cocinar el bonito, que no está cocinado a la plancha, sino entre la cebolla.

7. Emplatas dos trozos de pescado por comensal acompañados con bastante cebolla y rectificas de sal. El líquido que quede en la sartén no es solo aceite, también lleva los jugos de la cebolla y del bonito. Riega con él cada plato; te aseguro que untar pan ahí es un verdadero placer.

ESPE
PESCADERÍA · ARRAINDEGIA

TRUCO: Si estás preparando este plato para comerlo en otro momento, mantén el bonito crudo porque al calentarlo se cocinará. Mételo entre la cebolla y retíralo del fuego al instante.

Hay que ser muy generoso con la cebolla en esta preparación, ya que merma mucho y es muy agradable acompañar con ella cada bocado de bonito.

Un truco para realizar esta receta en menos tiempo es tener el pochado de cebolla preparado con antelación. Disponer en el congelador de cebolla pochada es un gran recurso para la cocina en general y para preparar muchas de las recetas de este libro.

Otros pescados para esta receta: atún y toda la familia de los túnidos.

Bonito con tomate

 40 min  2  Lomos en piel y sin huesos

Otra de las maneras más típicas de cocinar el bonito en nuestra gastronomía. Plato de temporada sin parangón sublime en su propia sencillez.
Una buena cazuela de bonito con tomate es una bomba para nuestra salud. No sólo por las propiedades ya comentadas del bonito, sino también porque la salsa de tomate es un extraordinario cóctel de vitaminas, minerales y carotenos, como el licopeno entre otros, que ayudan a nuestro cuerpo a prevenir enfermedades. Si además te animas y le añades unas hojas de albahaca podrás beneficiarte no solo de su extraordinario sabor, sino también de las propiedades digestivas de la planta.
Yo te propongo que prepares tú la salsa de tomate, porque en el tiempo del bonito encontrarás muy buenos tomates en el mercado y a precios excelentes. Pero si no puedes prepararla por cualquier motivo utiliza una buena salsa de bote y enriquécela como más te guste.

Ingredientes

- 1 rodaja de bonito limpio de piel y espinas
- 4 buenos tomates maduros de nuestras huertas
- 1 pimiento verde mediano (opcional)
- 1 cebolla mediana
- 1 cucharadita de azúcar moreno
- 2 dientes de ajo
- Sal
- Pimienta
- 3 cucharadas de aceite de oliva virgen extra
- 3 hojas frescas de albahaca (opcional).

Elaboración

1. Lo primero de esta receta es preparar la salsa de tomate; como te va a llevar un rato, no saques el bonito aún del frigorífico.

2. Trocea la cebolla y el pimiento toscamente y ponlo a rehogar en el aceite junto con los ajos en láminas a fuego medio.

3. A los 5 minutos añades los tomates pelados y en trozos grandes, las hojas de albahaca partidas en dos, si se las vas a echar, la sal, el azúcar y la pimienta recién molida. Deja cocinar el conjunto a fuego medio 30 minutos, removiendo de vez en cuando para que no se pegue.

4. Cuando falten 10 minutos, sacas el bonito del frigorífico, lo salas por ambos lados y lo dejas reposar en un plato limpio.

5. Transcurrido el tiempo correspondiente tienes dos opciones: pasar la salsa por la batidora, para que te quede más homogénea, o dejarla tal cual, en la que te irás encontrando los trozos de verduras. Muy ricas las dos maneras.

6. Sea cual sea la que has elegido es momento de introducir el bonito en la salsa burbujeante. Metes cada tajada con cuidado para que no se rompa y asegurándote de que queden bien cubiertas de tomate.

7. Cuando están todas dentro pones la tapa y retiras del fuego. En 5 minutos, el calor residual del tomate se encargará de cocinar el bonito. Y ya está.

8. A emplatar y a disfrutar.

TRUCO: Si te sobra algo lo puedes guardar en el frigo para otro día, pero si le quieres dar otro uso puedes desmigar el bonito y rellenar unos huevos o hacer unas empanadillas.

En la web de pescadería Espe encontrarás videorecetas de preparaciones con bonito; entre ellas se encuentra esta.

También puedes realizar esta receta sellando el bonito a la plancha e introduciéndolo después en el tomate caliente. Como prefieras.

Las partes del bonito que más me gustan son el cogote y la cola. Aunque puedan ser más feas o irregulares, son las más jugosas.

Si te animas a probar alguna de las dos, pide a tu pescadera que te las sirva libres de espinas y piel. Después cocínalas en cualquier preparación dándole el mismo tratamiento que a una rodaja. Verás lo jugoso que te va a resultar el plato.

Otros pescados para esta receta: atún y toda la familia de los túnidos.

Bonito a la plancha con piperrada

30 min

2

Lomos en piel y sin huesos

Otra sencilla y tradicional manera de preparar nuestro bonito, y es que cuando el producto es bueno, no necesita mucho más.
La clave, de nuevo, es el punto de cocción del bonito. En la foto de la receta verás como el interior del bonito está rosa y la parte exterior de la rodaja está más blanca y más hecha, como es normal.
Si preguntas a los más puristas te dirán que ese es el punto idóneo para consumir el bonito, poco hecho o en su punto por dentro, y es verdad, porque con un rato más de fuego, quedaría seco. Pero hay personas que no toleran ese punto de crudo y lo desean más cocinado. Y al revés. Así que todo es respetable, el punto del bonito se asemeja al punto del chuletón: poco hecho, muy hecho, al punto. Cada uno a su gusto, y los gustos no se pueden discutir.
Si te gusta muy poco hecho has de tener en cuenta que lo estarás consumiendo casi crudo, y debes seguir las recomendaciones de consumo para pescado crudo que te doy en el capítulo 2.
Los pimientos son ricos en fibra, en vitamina E, B6, en betacarotenos y son muy ricos en vitamina C. Otra vez un plato de lo más completo y sano.

Ingredientes

- 1 pimiento amarillo
- 1 pimiento verde
- 1 pimiento rojo
- 1 cebolla grande
- 4 dientes de ajo en láminas
- 1 rodaja de bonito limpio de piel y espinas
- Aceite de oliva virgen extra
- Sal
- Sal en escamas
- Pimienta.

Elaboración

1. Pochas por separado (o junto) los diferentes pimientos, el ajo y la cebolla. Corriges de sal y reservas (esto lo puedes hacer la víspera y guardarlo en el frigorífico). Eso sí, este plato es hacer y comer, tienes que tener la piperrada hecha y bien caliente para cuando salga el bonito de la plancha. No se puede hacer esperar al bonito recién hecho.

2. Saca el bonito del frigorífico, lo salas por ambos lados y lo dejas atemperar 10 minutos.

3. Preparas la plancha con un poco de aceite y la vas calentando poco a poco hasta que alcance la temperatura adecuada.

4. Colocas cada trozo de bonito en la plancha sin que baje su temperatura y dejas que se haga de cada lado sin que se queme ni se cueza, ya sabes, tienes que estar muy vigilante.

5. Los minutos que ha de estar de cada lado dependerá del grosor del bonito y del punto en el que te guste el pescado. Prueba con minuto y medio por cada lado y a partir de ahí decides si lo quieres así o más hecho.

6. A la hora de emplatar puedes adornar con unas escamas de sal el bonito y la piperrada.

TRUCO: Puedes sustituir la piperrada por otros acompañamientos para tu bonito a la plancha como pisto, escalivada, verduras al vapor, o cualquier salsa tipo pesto, alioli, ajilimójili o la que se te ocurra.

Esta receta es ideal para prepararla con la ventresca (*mendreska* o *ijada*) del bonito.

Esa parte de los túnidos se presenta con piel y así te recomiendo cocinarla, debajo de esa piel hay un montón de grasa que va a convertir a la ventresca en la parte más sabrosa del bonito. No te preocupes por las escamas, no vamos a comer la piel.

Si te animas a cocinar la ventresca del bonito a la plancha hazlo del siguiente modo:

-Seca y sala la ventresca

-Colócala en la plancha caliente primero por el lado que no tiene piel. En función de su grosor, como siempre, la dejas más o menos minutos de ese lado (2 o 3 para un grosor medio), que se vea dorada.

-Le das la vuelta y pones la parte de la piel en contacto con la plancha, eso hará que la grasa existente se disuelva y cocine la carne dándole un sabor muy especial. La dejas otros 2 o 3 minutos de ese lado y ya está lista para emplatar.

Disfrútala recién hecha.

Otros pescados para esta receta: atún y toda la familia de los túnidos.

Marmitako de bonito

1 h

4

En tacos, libre de espinas y piel

Recuerda, el fumet es clave para cocinar un buen *marmitako*.

Ingredientes

- 800 g de bonito (peso bruto) limpio de espinas y piel y troceado en tacos de mediano tamaño
- Huesos de bonito más espinas y cabezas de otros pescados blancos
- Agua
- Aceite de oliva virgen extra
- Sal
- 1 cebolla
- 1 pimiento verde
- 1/2 pimiento rojo
- 3 dientes de ajo
- 1 kilo de patatas
- 1 pimiento choricero o 1 cucharada de su carne
- 2 de tomates de temporada.

Elaboración

1. Lo primero que vamos a hacer es poner el fumet a cocer. Pon todos los huesos de los que dispongas junto con las partes menos nobles de las verduras y deja que hierva suavemente todo el tiempo que puedas, media hora está muy bien. Rectifica de sal.

2. Mientras se cuece el fumet, corta la verdura y los tomates pelados en trocitos pequeños. Y los pones a rehogar en la cazuela donde vayas a hacer el *marmitako*. Empieza por la cebolla, después los pimientos y el ajo. Cuando esté rehogado añades el tomate, la carne de pimiento choricero y los dados de patata.

3. Dejas cinco minutos que se cocine todo a fuego medio y vas echando el fumet que has preparado, bien colado y caliente.

4. Deja cocer todo unos 30 minutos, a fuego suave, para que la patata se cocine y coja todo el sabor del bonito y del fumet.

5. Lo que hemos hecho hasta ahora lo podemos dejar cocinado con anterioridad. Es decir, si el *marmitako* es para comer, se puede dejar el guiso preparado desde la mañana, de esta manera daremos tiempo a que las patatas se impregnen del aroma del fumet más profundamente. Pero ¡ojo!, reserva fumet, porque puede que el guiso haya engordado con el reposo y necesite rectificación de caldo.

6. Justo a la hora de comer pones a calentar de nuevo la cazuela, rectificas de sal, rectificas de caldo si es necesario y te aseguras de que el conjunto hierva. En ese momento, y cuando esté todo el mundo en la mesa esperando la cazuela es cuando echas los dados de bonito al caldo, pones la tapa y apagas el fuego. Los dados se cocinan al calor del caldo y quedan muy jugosos.

7. Solo queda servir y comer.

8. Dale un toque especial al plato sirviéndolo en algún recipiente diferente. El detalle es importante en la mesa.

TRUCO: Otra manera diferente de terminar el *marmitako* y sorprender a tus invitados es la siguiente:

Cortas el bonito en vez de en dados, en trozos muy pequeños, casi desmigado.

Sirves a cada comensal su ración de bonito crudo y finamente picado en un plato hondo. Esto es lo que verá tu invitado según se siente en la mesa. Y quedará muy sorprendido.

Después vienes con la marmita muy muy muy caliente y viertes el contenido sobre el plato. De esa manera, el bonito, al estar cortado tan fino y por efecto del calor, se cocinará al instante ante los ojos de los comensales.

El resultado será un bonito muy jugoso y un plato diferente. ¡Una delicia!

Otros pescados para esta receta: atún y toda la familia de los túnidos.

Agradecimientos

Este libro, que firmo y he escrito, no es solo mío, es de tantas personas que han estado junto a mí, que me han apoyado, animado, empujado y ayudado para que saliera adelante.

A todas y cada una de ellas, las que salen en esta lista y las que no, mi más sincero agradecimiento desde el alma y desde el corazón.

A toda mi familia , sin cuyo empuje no hubiera tenido el valor de seguir adelante, ni ahora ni nunca.

A mi compañero de camino, al amor de mi vida.

A los siempre peques de mi corazón, sufridos y críticos catadores de todos mis experimentos. Porque sus sonrisas, abrazos, guiños y ánimos me han empujado cada día a seguir.

A mis padres. Por el apoyo incondicional de ahora y siempre. Por su alegría y ánimo. Por la sabiduría ancestral que no dejan de transmitirme y por tantas ricas recetas que han elaborado para este libro como la sopa, los *txipirones* o las fantásticas *antxoas*.

A mi amigo Kike, impulsor de este proyecto, sin cuyo empuje no se me hubiera ni pasado por la cabeza que este sueño se hiciese realidad.

A Yoana Salvador, por las fantásticas fotos que con tanta dedicación y arte ha tomado, por tantas horas juntas de trabajo, cansancio y risas. Por todo su ánimo y cariño.

A Ane Alarcia, por sus ilustraciones, ilusión e ideas. Y total disponibilidad siempre.

A mi nuevo amigo Yanko, que con tanta delicadeza me ha acompañado en la importantísima labor de dotar de rigor científico a todas mis afirmaciones y cuya sola presencia me ha llenado de seguridad.

Al fantástico equipo de mi pescadería, mis empleadas, que han sabido sostener con fuerza, cariño y tesón el negocio en los meses de mi ausencia haciéndolo suyo y logrando seguir adelante. Mil gracias.

A mis amigas del alma, que han estado ahí siempre, como siempre están.

A mi amiga Yoli, por sus sabias sugerencias a mis escritos.

A Teresa por acompañarme en mi día a día y llenar mi cocina de su menaje para las fotos.

A mi CVX en Donosti, por tanto bien recibido.

A Elena Arzak, por aceptar prologar mi libro sin dudar un instante, con un rotundo sí desde el principio.

A Bella y a todo el equipo del restaurante Geralds, que con tanto cariño me han prestado su vajilla para las ilustraciones.

Al pueblo de Liceras, que me ha acogido con los brazos abiertos cuando he buscado el silencio para escribir este libro.

A Ana Valverde, mi editora, que ha apoyado mi proyecto desde el principio y ha mostrado su disponibilidad en todo momento.

A Corin, que, desde la sombra, me anima y ayuda siempre.

A Carol, mi tocaya y técnica de salud pública del puerto de Pasaia, que tan amablemente ha resuelto mis dudas en tantas ocasiones.

A mi cuadrilla, «las pescateras» de la lonja, que han aguantado mis silencios con una sonrisa y siempre están ahí para lo que haga falta.

A los *arrantzales*, pescadores y gente de mar. A los colegas y compañeros de oficio y de madrugones, que hacen del pescado su vida. Grandes profesionales que posibilitan el aprovisionamiento de pescado en tantos lugares, y trabajan con tesón y camaradería.

Y a todos los profesionales de la hostelería que trabajan con tanto respeto nuestro producto y sacan lo mejor de él.

Y, en especial, a toda mi clientela de la pescadería. Por ser fuente de conocimientos y de inspiración. Por disculpar mis errores y mis ausencias, y por darme siempre la oportunidad de ser mejor. A todas las personas anónimas que detrás del mostrador me han transmitido su saber y conocimiento generosamente, sin pedir nada a cambio. Sin vosotras esto no tendría sentido.

Eskerrik asko!

Libros que he consultado

- Josh Niland. *Todo el pescado*. Planeta Gastro, Barcelona, (2020).

- Josh Niland. *Cocina un pescado*. Planeta Gastro, Barcelona, (2021).

- Rafael García Santos. *La cocina vasca de ayer, hoy y mañana*. Editorial Hiria, Donostia, (2002).

- M. Busca Isusi. *La cocina vasca de los pescados y los mariscos, de la tradicional a la nueva cocina*. Editorial Txertoa, Donostia, (1981).

- Alex Iturrate, Carolina Alonso, Ainhize Uriarte. *Paseo submarino por la costa vasca*. Azti Tecnalia, Donostia, (2006).

- Luis Elorza. *Cocinar para los amigos*. Editorial Sendoa, Donostia, (2001).

- José Castillo. *Recetas de cocina de abuelas vascas*. Gipuzkoa y Bizkaia, tomo II. Editorial Hondarribi, Hondarribia, (1983).

- José Castillo. *Recetas de 200 cocineros de sociedades vascas*. Editorial Ttartalo, Donostia, (1991).

- José Castillo. *Manual de cocina económica*. Editorial Ttartalo, Donostia, (1995).

- Varios Autores. *Cocina Vasca*. Editorial Sendoa. Donostia, (1983).

- Dra. Odile Fernández Martínez. *Mis recetas anticáncer*. Editorial Urano. Barcelona, (2013).

Referencias bibliográficas incluidas en el texto

1. Ministerio de Agricultura, Pesca y Alimentación. «Guía de las cualidades nutricionales de los productos procedentes de la pesca extractiva y la acuicultura». (2012). https://www.mapa.gob.es/es/pesca/temas/calidad-seguridad-alimentaria/14-GuiaCualidades_Nutricionales_tcm7-248651_tcm30-285799.pdf
Consultada por última vez en marzo de 2023.

2. AZTI. «Los beneficios del pescado: valor nutricional, impacto en la salud y cantidades recomendadas», (2023).
https://www.azti.es/beneficios-pescado
Consultada por última vez en marzo de 2023.

3. FAO. «Documento Técnico de Pesca 3348», (1998).
https://www.fao.org/3/v7180s/v7180s05.htm#TopOfPage
Consultada por última vez en marzo de 2023.

4. Agencia Española de Seguridad Alimentaria y Nutrición (AESAN). «Recomendaciones dietéticas sostenibles y recomendaciones de actividad física para la población española», (2022).
https://www.aesan.gob.es/AECOSAN/docs/documentos/seguridad_alimentaria/evaluacion_riesgos/informes_comite/INFORME_RECOMENDACIONES_DIETETICAS.pdf
Consultada por última vez en marzo de 2023.

5. FAO. «FAO/INFOODS global food composition database for fish and shellfish, version 1.0», (2016).
https://www.fao.org/3/i6655e/i6655e.pdf
Consultada por última vez en marzo de 2023.

6. Odile Fernández. *Recetas para vivir con salud.* Editorial Planeta, Barcelona, (2018).

7. A. Jayedi, A., S. Shab-Bidar. «Fish Consumption and the Risk of Chronic Disease, An Umbrella Review of Meta-Analyses of Prospective Cohort Studies». Adv Nutr. 11 (5), 1123, (2020).

8. M.C. Cuéllar del Hoyo. *Anisakis y Alergia.* Ann. R. Acad. CC. Vet. Es. 24, 161, (2016).

9. Sociedad Española de Alergología e Inmunología Clínica (SEAIC). «Anisakis». (sin fecha)
https://www.seaic.org/pacientes/conozca-sus-causas/anisakis.
Consultada por última vez en marzo de 2023.

10. Agencia Española de Seguridad Alimentaria y Nutrición (AESAN). Recomendaciones de consumo de pescado por presencia de mercurio, (2019).
https://www.aesan.gob.es/AECOSAN/docs/documentos/publicaciones/seguridad_alimentaria/RECOMENDACIONES_consumo_pescado_MERCURIO_AESAN_WEB.PDF. Consultada por última vez en marzo de 2023.

11. A. Castaño, S. Pedraza-Díaz, A.I. Cañas, B. Pérez-Gómez, J.J. Ramos, M. Bartolomé, P. Pärt, E.P. Soto, M. Motas, C. Navarro, E. Calvo, M. Esteban. «Mercury levels in blood, urine and hair in a nation-wide sample of Spanish adults». *Sci Total Environ. 670*, 262, (2019).

12. Generalitat de Catalunya, Departamento de Salud. «Contaminantes químicos. V. Estudio de la dieta total en Cataluña», (2020).
https://acsa.gencat.cat/web/.content/_Publicacions/Estudis_de_dieta_total/contaminants_quimics/EDT-Contaminants-2017/Estudi-Dieta-Metales-pesados-2019.pdf
Consultada por última vez en marzo de 2023.

13. FAO/OMS. «Joint FAO/WHO Expert Consultation on the risks and benefits of fish consumption», (2011).
https://www.fao.org/3/ba0136e/ba0136e00.pdf
Consultada por última vez en marzo de 2023.

14. Agencia Española de Seguridad Alimentaria y Nutrición (AESAN). «Microplásticos y nanoplásticos», (2021).
https://www.aesan.gob.es/AECOSAN/docs/documentos/seguridad_alimentaria/gestion_riesgos/microplasticos_nanoplasticos.pdf
Consultada por última vez en marzo de 2023.

15. A. A. Koelmans, A. Bakir, A.A. Burton, C.R. Janssen. «Microplastics as a vector for chemicals in the Aquatic Environment: Critical Review and Model-Supported Reinterpretation of Empirical Studies». Environment. Sci. Technol 50, 3315, (2016).

16. European Food Safety Authority (EFSA). «Presence of microplastics and nanoplastics in food, with particular focus on seafood», (2016).
https://www.efsa.europa.eu/en/efsajournal/pub/4501
Consultada por última vez en marzo de 2023.

17. Clínica Mayo. «Gout Diet». (2010).
https://tc-health.com/wp-content/uploads/2019/10/Gout-diet-Mayo-Clinic.pdf
Consultada por última vez en marzo de 2023.

18. Clínica Universitaria de Navarra. «Alergia al pescado», (2023).
https://www.cun.es/enfermedades-tratamientos/enfermedades/alergia-pescado
Consultada por última vez en marzo de 2023.

19. Joint FAO/WHO Expert Meeting. «Public Health Risk of Histamine and other Biogenic Amines from Fish and Fishery Products», (2012).
https://www.fao.org/fileadmin/user_upload/agns/pdf/Histamine/Histamine_AdHoc-final.pdf
Consultada por última vez en marzo de 2023.

20. Healthline. «Can you eat fish skin, and is it healthy?», (2020).
https://www.healthline.com/nutrition/fish-skin
Consultada por última vez en marzo de 2023.

21. C. Tørris, M.C. Småstuen, M. Molin. «Nutrients in Fish and Possible Associations with Cardiovascular Disease Risk Factors in Metabolic Syndrome». Nutrients 23, 952, (2018).

22. Harold McGee. *La buena cocina*. Editorial Debate, Barcelona, (2010).

23. Elizabeth Eliza Acton. *Modern Cookery for Private Families*. Equinox Publishing Ltd, London, (1993).

24. Jules Verne. *An Antarctic Mistery*. Pierre-Jules Hetzel, París, (1898).

25. Josh Niland. *Todo el pescado*. Planeta Gastro, Barcelona, (2020).

26. J. M. Busca Isusi. *La cocina vasca de los pescados y los mariscos, de la tradicional a la nueva cocina*. Editorial Txertoa, Donostia, (1981).

27. Rafael García Santos. *La cocina vasca de ayer, hoy y mañana*. Editorial Hiria, Donostia, (2002).

28. P. Quílez, F. Zaragoza. Informaciones históricas del suministro y consumo de congrio en la ciudad de Calatayud, (2014).
https://www.calatayud.es/admin/resources/estaticas/files/56/Trabajo_sobre_el_Mercado_del_congrio_en_Calatayud.pdf
Consultada por última vez en marzo de 2023.

29. Harold McGee. *La Cocina y los Alimentos*. Editorial Debate. Barcelona, (2007).

30. Laura Esquivel. "Como agua para chocolate" (1989). La película homónima de Alfonso Arau se estrenó en 1992.
https://www.youtube.com/watch?v=3k_B8YNVe_s
Consultada por última vez en marzo de 2023.

31. M. T. Sumaya, M. J. Graciano, R. Balois, E. I. Jiménez, G. Rodríguez, E.O Madrigal. «El uso de antioxidantes naturales en la cocción de alimentos para reducir los productos tóxicos derivados de la reacción de Maillard», (2018).
https://www.revistacienciasunam.com/en/207-revistas/revista-ciencias-127-128/2113-el-uso-de-antioxidantes-naturales-en-la-cocción-de-alimentos-para-reducir-los-productos-tóxicos-derivados-de-la-reacción-de-maillard.html
Consultada por última vez en marzo de 2023.

32. M.T. Gaicerán. «Aminas heterocíclicas en alimentos cocinados». V Congreso Internacional de Alimentación, Nutrición y Dietética. Madrid, (2009). Se puede encontrar en https://docplayer.es/16463255-Aminas-heterociclicas-en-alimentos-cocinados.html.
Consultada por última vez en marzo de 2023.

33. Ministerio de Agricultura, Pesca y Alimentación. «Tomate frito», (sin fecha).
https://www.mapa.gob.es/es/ministerio/servicios/informacion/tomate%20frito_tcm30-102894.pdf
Consultada por última vez en marzo de 2023.

34. M. Villén, «No conviertas el aceite en un producto tóxico», (2013).
https://www.conasi.eu/blog/productos/no-conviertas-el-aceite-en-un-producto-toxico
Consultada por última vez en marzo de 2023.

35. O.N. Montes, M. I. Millar, L. R. Provoste, M. N. Martínez, Z. D. Fernández, I. G. Morales, B. R. Valenzuela. «Absorción de aceite en alimentos fritos». Rev Chil Nutr 43, 87, (2016).

36. J. Liu, Y. Cui, L. Li, L. Wu, A. Hanlon, J. Pinto-Martin, A., Raine, J.R. Hibbein. «The mediating role of sleep in the fish consumption – cognitive functioning relationship: a cohort study». Sci Rep 7, 17961, (2017).

37. M. Gómez Fernández-Vegue (Asociación Española de Pediatría). «Recomendaciones sobre Alimentación Complementaria». (2018).
https://www.aeped.es/sites/default/files/documentos/recomendaciones_aep_sobre_alimentacio_n_complementaria_nov2018_v3_final.pdf
Consultada por última vez en marzo de 2023.